事例からわかる相談担当者のための

# 障害者差別解消ガイドブック

日本弁護士連合会人権擁護委員会 編著

ぎょうせい

# ◆ まえがき ◆

　2016（平成28）年4月1日、障害を理由とする差別の解消の推進に関する法律（差別解消法）が施行されました。

　この法律は、国連の「障害者の権利に関する条約」の締結に向けた国内法制度の整備の一環として、全ての国民が、障害の有無によって分け隔てられることなく、相互に人格と個性を尊重し合いながら共生する社会の実現に向け、障害を理由とする差別の解消を推進することを目的として制定されたものです。

　日本弁護士連合会は、障害のある人の権利擁護の実現のため、2014（平成26）年10月3日に「障害者権利条約の完全実施を求める宣言」を、2019（令和元）年11月21日に「障害者差別禁止法制の見直しを求める意見書」をそれぞれ公表し、障害者差別解消法を含めた障害者差別禁止法制の整備による障害者権利条約の完全実施を求めてきました。

　また、法的専門家の視点から障害者差別に取り組む行政職員等にとって有用なツールを提供するべく、2017（平成29）年9月には、自治体担当者向け障害者差別解消相談対応マニュアルを公表しました。

　2021（令和3）年5月、差別解消法の一部を改正する法律が成立し、これまで努力義務に止まっていた事業者による合理的配慮の提供が法的義務化されるとともに、行政機関において相互の連携の強化を図り、障害を理由とする差別を解消するための支援措置を強化することが求められるようになりました。

　今般の法改正は、障害を理由とする差別の解消を推進させるものであり、行政機関等が実施する相談体制のさらなる充実を進めるものと期待しています。

本書は、実際に起こりうる障害者差別の事例を想定し、判断や紛争解決に向けた具体的な整理や解決方策等を提供するものです。

　行政機関等の相談担当者をはじめ、弁護士や支援者等、日々困りごとを抱えた障害のある方々と向き合って現場でご活躍されている皆様に本書を活用していただくことを期待します。

2024（令和6）年2月

日本弁護士連合会　会長　小林　元治

# 目　次

## 第2章　事例　タグ一覧

# 凡　例

1　本書で用いる法令等の略称は、次のとおりとした。

| | |
|---|---|
| 障害を理由とする差別の解消の推進に関する法律 | 差別解消法 |
| 障害を理由とする差別の解消の推進に関する基本方針 | 基本方針 |
| 障害者の雇用の促進等に関する法律 | 雇用促進法 |
| 障害者に対する差別の禁止に関する規定に定める事項に関し、事業主が適切に対処するための指針 | 差別禁止指針 |
| 雇用の分野における障害者と障害者でない者との均等な機会若しくは待遇の確保又は障害者である労働者の有する能力の有効な発揮の支障となっている事情を改善するために事業主が講ずべき措置に関する指針 | 合理的配慮指針 |
| 障害者の日常生活及び社会生活を総合的に支援するための法律 | 総合支援法 |

2　本書における裁判所の表示は、次のとおりとした。

○○高裁　　○○高等裁判所

○○地裁　　○○地方裁判所

# 第1章

# 総　　論

## 第1節 障害を理由とする差別とは

### 1 はじめに

　平成25年に成立し、平成28年4月1日に施行された障害を理由とする差別の解消の推進に関する法律は、附則の3年後見直し規定にしたがって、内閣府・障害者政策委員会で議論され、令和3年6月に改正されました。施行日は令和6年4月1日とされています。

　本項との関係での大きなポイントは、事業者の「合理的配慮」が努力義務から法的義務に変わったことです。

　施行日までは事業者の「合理的配慮」は努力義務のままですが、以下では法的義務を前提に述べることとします。

### 2 差別解消法の対象者

#### (1) 「障害者」(「障害」)

　差別解消法によると、「障害」とは、「身体障害、知的障害、精神障害（発達障害を含む。）その他の心身の機能の障害」とされています（2条1号）。また、「障害者」とは、「障害がある者であって、障害及び社会的障壁により継続的に日常生活又は社会生活に相当な制限を受ける状態にあるもの」とされており（2条1号）、社会モデル（障害のある人が日常生活・社会生活において受ける制限は、心身の機能の障害のみに起因するものではなく、社会における様々な障壁と相対することによって生ずるものという考え方。）に基づいています。心身の機能障害（病気を含む。）によって日常生活・社会生活に困難がある人は全て対象となりますので、障害の範囲を狭く捉えてしまうことのないよう注意が必要です。

　すなわち、現に、心身の機能障害及び社会的障壁により日常生活・社会生活に相当な制限を受けていれば、差別解消法の「障害者」に該当するため、障害者手帳を持っているかどうかは関係ありません。また、高次脳機能障害のある人も「障害者」に含まれます。

　また、難病者については、治療方法が確立せず、長期の療養を必要とする場合は、指定難病に該当しなくても「障害者」にあたり得ます。さらに、「継続的に」という文言は、「断続的・周期的」といった難病の特性も含む表現ですので、病状に波があったり、日常生活や社会生活に相当な制限を受ける状態が恒常的でなくても、「障害者」に含まれることになります。肝炎や急性期を脱したがんなどのように、中長期的に周期的に変化する病状をコントロールしながら生活することを迫られる全ての難治性疾患も同様です。

## ⑵　行政機関等

　差別解消法によると、「行政機関等」とは、「国の行政機関、独立行政法人等、地方公共団体（地方公営企業法第3章の規定の適用を受ける地方公共団体の経営する企業を除く。）及び地方独立行政法人」であるとされています（2条3号）。

　ただし、地方独立行政法人の行う業務の中で、主に事業の経費を当該事業の経営に伴う収入をもって充てる事業で、水道、軌道、自動車運送、鉄道、電気、ガス、病院事業など（地方独立行政法人法21条3号）は除外されているので、これらの事業については、行政機関等としてではなく、事業者としての義務を負うことになります。

　また、図書館、公園、体育館などを指定管理者が運営している場合、指定管理者の指定を受けた施設は「行政機関等」そのものには該当しません。しかし、住民側からすれば、指定管理者が運営しているかどうかに関わらず、公の施設であると捉えられますし、行政機関等が直営している同種施設との均衡から考えても、自治体は指定管理者にも

行政機関等と同様に「合理的配慮」を行うように求めていくべきです。

　ちなみに、地方議会は、差別解消法の「行政機関等」にあたります（地方自治法1条の3及び89条）。

### (3)　事業者

　差別解消法によると、「事業者」とは、「商業その他の事業を行う者（国、独立行政法人等、地方公共団体及び地方独立行政法人を除く。）」とされています（2条7号）。

　同種の行為を反復継続して行う者であれば対象となります。目的の営利・非営利、個人・法人の別は問いません。例えば、個人事業者や対価を得ない無報酬の事業を行う者、非営利事業を行う社会福祉法人や特定非営利活動法人も対象となります。

　ただ、事業者にあたるかどうかは一義的には明らかでない場合もあります。例えば、自治会などは、大きな組織で設備管理までしている場合から、数人のみの組織で、清掃活動程度しか行っていない場合まで、規模も活動も様々なものがあります。したがって、事業者に該当するか一義的に明らかでない場合には、事業を行っているといえるかどうかを、団体の規模、行っている活動の内容、活動の反復継続性などから、個別的に客観的かつ総合的に判断する必要があります。上述の自治会の例でいうと、設備管理までしているような場合には事業者にあたると思われますが、数人で清掃活動をしているような場合には、事業者であるとはいえない可能性があります。

### (4)　個人間のトラブル

　差別解消法の対象分野は、日常生活・社会生活全般に広く及びますが、地域生活を送る上で生じる個人間のトラブルは対象となっていません。もっとも、これは個人間であれば差別が許されるということではありません。全国的に見ると、個人を含む全ての人に差別を禁止している条例を制定している自治体もあります。そのような条例がない

場合であっても、相談を受けた自治体としては、共生社会を目指す法の趣旨に則って、適切な解決を図るように努めましょう。

## 3　差別解消法が禁止している差別

　差別解消法には「差別」についての定義規定はありません。しかし、7条において「行政機関等における障害を理由とする差別の禁止」、8条において「事業者における障害を理由とする差別の禁止」という標題を設け、障害を理由とする「不当な差別的取扱い」の禁止と「合理的配慮」の提供義務について定めています。

　したがって、障害のある人に対する権利侵害となるような、障害を理由とする「不当な差別的取扱い」及び「合理的配慮の不提供」は差別に含まれると解されます。

## 4　不当な差別的取扱い

### ⑴　「不当な差別的取扱い」とは

　差別解消法は、「不当な差別的取扱い」についての定義規定を設けていませんが、一般的には、障害のある人に対して、正当な理由なく、障害を理由として、財・サービスや各種機会の提供を拒否する又は提供にあたって場所・時間帯などを制限する、障害のない者に対しては付さない条件を付けることなどにより、障害のある人の権利利益を侵害すること（障害を理由とする拒否、区別、排除、制限などの異なる取扱い）とされています。

　また、令和6年4月1日施行の改正基本指針でも新たに明記されているように、車椅子、補助犬その他の支援機器等の利用や介助者の付添い等の社会的障壁を解消するための手段の利用等を理由として行われる「不当な差別的取扱い」も、障害を理由とする「不当な差別的取扱い」に該当します。

「不当な差別的取扱い」についての考え方は内閣府のホームページに掲載されている「障害を理由とする差別の解消の推進に関する基本方針」[1]や各省庁の対応要領[2]にも記載されていますので、ご参照ください。

### (2)　「正当な理由」の判断の視点

「正当な理由」があるとされるのは、障害のある人に対し、障害を理由として、財・サービスや各種機会の提供を拒否するなどの取扱いをすることが、客観的に見て正当な目的の下に行われたものであり、その目的に照らしてやむを得ないといえる場合です。

障害を理由として異なる取扱いをすることは原則として許されませんので、「正当な理由」があるといえる場合は、極めて限定的な場合に限られます。また、「正当な理由」があることについての立証責任は異なる取扱いをする側にあると解されます。

「正当な理由」に相当するか否かについては、個別の事案ごとに、障害のある人、事業者、第三者の権利利益（例：安全の確保、財産の保全、事業の目的・内容・機能の維持、損害発生の防止等）及び行政機関等の事務・事業の目的・内容・機能の維持等の観点から、具体的場面や状況に応じて総合的・客観的に判断することが必要です。客観的にというのは、事実の根拠があり、誰から見ても納得を得られるということです。

また、「正当な理由」としてよく「危ないから」という理由を挙げる例が見られます。しかし、「正当な理由」には客観的な根拠が必要であるところ、客観的な根拠なく「危険」と主張され、「正当な理由」があるとはいえない場合が多く見られるということに注意が必要です。

仮に、「正当な理由」があり、障害のある人に対し障害のない人と異なる取扱いをする場合であっても、障害のある人にその理由を説明し、理解を得るよう努めなければなりません。

### (3)　「不当な差別的取扱い」の具体例

　障害を理由とする「不当な差別的取扱い」の具体例は、内閣府ホームページに掲載されている関係府省庁の対応要領や関係府省庁所管事業分野の対応指針[3]に記載されています。ただし、基本方針に書かれていることが全ての事例に当てはまるものではありません。基本方針等にあげられている例はあくまで「参考」にしつつ、実際は事業者・行政機関側の事情や、障害者の障害の種類、程度、障害者の意向など、多様な要素と個別事情に左右されるので判断は慎重にする必要があります。とりわけ、差別に「あたらない」例として記載されている事例について、これと同様の事例があると即断して「差別にあたらない」と結論づけることには注意する必要があります。大切なのは、「差別にあたるか否か」という結論ではなく、「なぜ差別にあたる（あたらない）か」を考える思考過程です。この本では、ここで必要となる思考過程を養うことを目指しています。

## 5　「合理的配慮」とは

### (1)　はじめに

　差別解消法では、「合理的配慮」についても、定義規定はありません。もっとも、障害者権利条約2条によれば、「合理的配慮」とは、「障害者が他の者との平等を基礎として全ての人権及び基本的自由を享有し、又は行使することを確保するための必要かつ適当な変更及び調整であって、特定の場合において必要とされるものであり、かつ、均衡を失した又は過度の負担を課さないものをいう。」とされています。

　かみ砕いて述べると、「合理的配慮」とは、特定の具体的場面で障害のある人が障害のない人と同じように活動することができるようにするための物理的環境を整えたり、人的支援を整えたりするものです。後述する、「事前的改善措置」としての「環境の整備」とは異なりま

すので、注意してください。

　障害のない人も、自分の力だけで日常生活や社会生活を送っている
わけではありません。例えば、大きな会場での講演ではマイク、スピー
カーといったツールを用いることで、聞こえる人は講演の内容を理解
できますが、このツールは、耳の不自由な人に対する配慮になりませ
ん。耳の不自由な人が講演の内容を理解するためには、聞こえる人を
前提にしたマイクやスピーカーとは違った形の配慮が必要なのです。
聞こえる人にとってのマイク、スピーカーというツールが、耳の不自
由な人にとっては、手話通訳や要約筆記の派遣、聴力を補うための磁
気ループの設置などに形を変えるわけです。

　こうした「合理的配慮」を受けられないことは、障害のある人に対
する差別になります。

(2)　意思の表明

　差別解消法では、「合理的配慮」を受けるためには、障害のある人
の「意思の表明」が必要であるとされています。「合理的配慮」を求
められた方から見て、その人に障害があるのかや、「合理的配慮」を
必要としているかどうかが分からない場合についてまで、具体的に配
慮をすることを義務付けることは困難であると考えられるためです。

　ここにいう「意思の表明」は、障害のある人本人によることが原則
ですが、知的障害などにより「意思の表明」を行うことが困難な場合
には、その家族、支援者等、コミュニケーションを補佐できる者の「意
思の表明」も含まれます。

　「意思の表明」は、個別具体的な場面において、社会的障壁の除去
の実施に関する配慮を必要としている状況にあることを、手話を含む
言語その他の意思疎通のための手段により伝えることであれば足りる
とされています。この「その他の意思疎通のための手段」とは、障害
のある人が他人とコミュニケーションを図るにあたって必要な手段を

いいます。具体的には、点字、拡大文字、筆談、実物（例えば、キーホルダー状のヘルプマーク）の提示や身振りサイン等による合図、触覚による意思伝達などです。このような障害のある人なりの意思伝達により、社会的障壁の除去に関する配慮を必要としている状況にあることが認識できれば「合理的配慮」をしなければなりません。

障害のある人からの「意思の表明」がない場合には、「合理的配慮」の提供義務は発生しませんが、行政機関等や事業者の側から、積極的にコミュニケーションを取り、自主的に適切な配慮を行うことが推奨されます。

### (3) 過重な負担

差別解消法では、「合理的配慮」は、不合理な義務（これを「過重な負担」といいます。）にならない範囲で提供しなければならないとされています。

内閣府の「基本方針」には、第2の3(2)において、「過重な負担」にあたるかどうかの判断は、具体的場面や状況に応じて総合的・客観的に判断することが必要であるとした上で、「過重な負担」にあたるかどうかを判断する時に考えるべき事項を挙げています。

具体的には、
〇事務・事業への影響の程度（事務・事業の目的・内容・機能を損なうか否か）
〇実現可能性の程度（物理的・技術的制約、人的・体制上の制約）
〇費用・負担の程度
〇事務・事業規模
〇財政・財務状況
が考慮要素として挙げられています。

負担が過重といえるかどうかは、こうした相手方の経済規模や被る影響だけではなく、それが提供されないことによって被る差別を訴え

る側の人権侵害の程度も考慮して判断されなければなりません。

　こうした事情は、事案によって様々に異なりますので、その都度、丁寧に検討しながら「過重な負担」にあたるかどうかを判断する必要があります。

　「過重な負担」にあたると判断した場合、障害のある人にその理由を説明して、理解を得るよう努めることが望ましいことはいうまでもありません。

### ⑷　「合理的配慮」の決定プロセス

　提供されるべき「合理的配慮」の内容は、障害の種別や程度により異なり、個別性・多様性が高いものです。

　そこで、「合理的配慮の提供」にあたっては、「合理的配慮」を求めた側と求められた側が建設的対話を通して、「合理的配慮」の内容を調整することが求められます。この点、内閣府策定の基本方針にも「建設的対話による相互理解」という表現が盛り込まれており、障害者の意向を十分に尊重して「合理的配慮」の内容を定め、実施する必要があるとされています。つまり、「合理的配慮」を求められた側が、求められた「合理的配慮の提供」が可能であればこれを提供し、様々な事情から全てを提供できなくても、代わりとなる方法（代替的措置）を探し、双方で合意点を見つけていくというように、対話の中で具体的な「合理的配慮」の内容を決定していくのです。

　具体的には、まず、①障害者からの現に社会的障壁の除去を必要としている旨の意思の表明が求められています。現に社会的障壁の除去を必要としている旨の意思の表明とは、要は「障害があるために困っています」ということであり、それだけ分かれば十分です。

　しかし、「困っている」ということだけ分かっても、どうすればその「困っている」を解決できるかまでは分かりませんし、障害者自身、そこまで煮詰まっていないことも多いです。そこで、②障害者が求め

ている「合理的配慮」の内容がどのようなものかを検討します。障害者にとって必要な「合理的配慮」が見えてきたところで、それが③事業者・行政機関等にとって「過重な負担」かどうかを検討します。もしここで「過重な負担」だ、ということになれば、事業者・行政機関はその点を根拠をもって障害者に説明し、できれば④実現可能な別の配慮の提案をすることが求められます。障害者がそれで納得ができれば、④がその場面での「合理的配慮」ということになります。もしそれでは配慮として不足するということであれば、双方でさらに別の配慮を検討します。

　このようなプロセスによって、障害のある人の実質的平等が確保されます。そして何より、障害のある人と行政機関、事業者がお互い良い関係を築いていくことができるようになります。

(5)　「環境の整備」と「合理的配慮の提供」との関係

　「合理的配慮の提供」とよく間違われるのが、「環境の整備」（差別解消法5条）です。

　「合理的配慮の提供」は、これまで述べてきたように、「特定の具体的場面」で障害のある人が障害のない人と同じように活動することができるようにするための調整を図る措置として、行政機関等や事業者にその実施が義務付けられています。

　これに対し、「環境の整備」とは、特定個人を対象とするものではなく、不特定多数にアプローチして、障害のある人とない人との平等を確保するための措置です。例えば、施設や設備にスロープやエレベーターなどを取り付けてバリアフリー化したり、手話通訳や要約筆記従事者を派遣する事業を整えていつでも派遣できるようにしておいたり、職員・従業員に障害理解研修を実施しておくなどの例が挙げられます。

　「環境の整備」は、差別解消法上努力義務と位置付けられているこ

とから、本来は「合理的配慮の提供」として行わなければならない措置を、「環境の整備」であると整理して拒否するような事例も散見されます。また、「環境の整備」をもって、「合理的配慮の提供」をした、と整理してしまっている事例も見られます。しかし、「環境の整備」は、不特定多数の障害者向けに事前的改善措置として行うものですが、他方「合理的配慮の提供」は、特定の障害者に対し、個別の状況に応じて講じられる措置である、という点で異なります。

　「環境の整備」には、「合理的配慮の提供」を容易にし、バリエーションを広げるなど、その精度を底上げする効果があります。努力義務とはいえ、「合理的配慮」の選択肢を広げるために大変重要な取組なので、積極的に検討し、実施していきましょう。

| | 合理的配慮 | 環境の整備 |
|---|---|---|
| 対象者 | 「特定の」個人への措置 | 「不特定多数」への措置 |
| 場　面 | 具体的場面 | 事前的 |
| 例 | 目の見えない人に代筆を求められたときに店員が代行する。 | 代筆を求められたときに備えて、店員研修を行う。 |
| | 車いすの人が入店を希望したので、複数名の店員で車いすごと客をかついで店舗入り口の数段の段差を乗り越える。 | 店舗入り口の段差を解消するため、スロープを設置する。 |

注

1　内閣府ホームページ「障害を理由とする差別の解消の推進に関する基本方針」
https://www.8.cao.go.jp/shougai/suishin/sabekai.html

2　内閣府ホームページ「関係府省庁における障害を理由とする差別の解消の推進に関する対応要領」
http://www.8.cao.go.jp/shougai/suishin/sabekai/taioyoryo.html

3　内閣府ホームページ「関係府省庁所管事業分野における障害を理由とする差別の解消の推進に関する対応指針」
http://www.8.cao.go.jp/shougai/suishin/sabekai/taioshishin.html

**Column 1**

# 司法における手続上の配慮義務

　差別解消法において、「不当な差別的取扱い」の禁止の規定と合理的配慮提供義務の規定は、「行政機関等」と「事業者」を適用対象としています（7条、8条）。

　裁判所は、そのいずれにもあたりませんので、裁判所にこれらの規定は適用されません。

　また、民事訴訟法上、不当な差別的取扱いの禁止や合理的配慮提供義務に関する規定はなく、「口頭弁論に関与する者が日本語に通じないとき、又は耳が聞こえない者若しくは口がきけない者であるときは、通訳人を立ち会わせる。ただし、耳が聞こえない者又は口がきけない者には、文字で問い、又は陳述をさせることができる。」（民事訴訟法154条1項）との規定があるに留まります。

　もっとも、障害者権利条約13条1項は、「締約国は、障害者が全ての法的手続（捜査段階その他予備的な段階を含む。）において直接及び間接の参加者（証人を含む。）として効果的な役割を果たすことを容易にするため、手続上の配慮及び年齢に適した配慮が提供されること等により、障害者が他の者との平等を基礎として司法手続を利用する効果的な機会を有することを確保する。」と規定しており、締約国が、「合理的配慮」の提供義務とは別個の概念として、司法手続上の配慮義務を負っていることを明らかにしています。なお、条文上、「過重な負担」がある場合に免責される旨の規定がありませんので、「司法手続上の配慮義務」は、「合理的配慮義務」と異なり「過重な負担」がある場合でも免責されません。

　また、裁判所は「裁判所における障害を理由とする差別の解消の推進に関する対応要領」（以下「対応要領」といいます。）を策定・公表しており、裁判官を含む裁判所職員に対し、「不当な差別的取扱い」の禁止と「合理的配慮提供義務」を負うことを明らかにしています。

　法律上、「司法手続上の配慮義務」、「不当な差別的取扱い」の禁止及び「合理的配慮提供義務」に関する規定を設けることは今後の課題です。なお、令和4年9月9日に国連の障害者権利委員会が日本政府に対して、「総括所見」を採択しました。「総括所見」とは、障害者権利条約の締約国における実現状況についての障害者権利委員会による評価と勧告を述べた文書です。総括所見30（b）では、障害者に対する司法手続上の配慮を保障するよう勧告がされています。また、令和4年5月25日に公布された民事訴訟法等の一部を改正する法律の附帯決議11項では、「民事訴訟手続を利用する障害者に対する司法手続上の配慮の在り方について、本法施行後の制度の運用状況及び障害者の意見も踏まえて、障害者のアクセスの向上に資する法整備の要否も含めて検討し、必要な措置を講じること。」とされていますので、今後も引き続き法改正が検討されるものと思われます。

　なお、実際の事例で、裁判所から以下のような配慮がされた例がありますので、ご紹介します。

視覚障害
・ガイドヘルパーと一緒に法廷のバーの中に入って裁判をした。
・判決をテキストデータ化してもらった。
・判決を点字で作成した。
・証人尋問の際、裁判所にある書画カメラを用いて証人を弁護士席のモニターに映し、証人の動作が見えるようにした。

知的障害等
・わかりやすい版の判決を作成してもらった。

# 第2節　差別判断のポイント

　ここでは、相談に上がってきた事案が差別にあたるのか否かを判断する際の思考過程、判断過程のポイントや優先順位について説明します。

　差別事案の相談が来たら、まず、事案が、①「不当な差別的取扱い」の類型と、②「合理的配慮の不提供」の類型のいずれの差別類型にあたるのかを判断します。もっとも、この二つの類型は、片方が成立すれば他方は成立しないという非両立の関係にあるわけではありません。実際の事案では、①又は②のみが問題になる事案の他に、①と②の双方が問題となる事案もあります。　以下の**3**に紹介する複合的な類型が多数存在することから、検討の順序としては、全ての事例について、まず「不当な差別的取扱い」に該当するか否かについて検討をします。ここで「不当な差別的取扱い」に該当しないことが確認されれば、次に「合理的配慮の不提供」に該当するか否かを検討するようにします。そうすることで、類型の当てはめを誤ることがなくなります（p.18図参照）。

## 1　「不当な差別的取扱い」の類型

　「不当な差別的取扱い」の類型は、古典的な差別として最も事例が多く、障害者を直接的に排除する効果をもつことから、この類型の差別に該当するとすれば、是正の必要性が高いです。そこで、相談を受けた場合には、まず最初に、「不当な差別的取扱い」にあたるかどうかを判断することが大切です。障害を理由とする拒否、区別、排除、制限など、障害のない人と異なる取扱いをする場合が、差別的取扱いの類型になります。

　例えば飲食店の入店拒否、スポーツクラブの入会拒否、アパートの賃貸拒否、交通機関の乗車拒否などです。相手方の行為が「差別的取扱い」に該当するためには、①「異なる取扱い」を受けたといえること、②その異なる取扱いが「障害を理由とする」ものであることが必要となります。そのため、相談者から最初に相談を受ける際に、「相手方からどういった扱いを受けたのか」、「どのような理由が示されたのか」の２点について、相談者からきちんと聞き取っておくことが大切です。

　ここで注意が必要なのは、相手方からよく出される「障害を理由とする差別ではない」という反論を安易に認めてはならないということです。相手方にとっては「障害を理由とする差別」との認識はなくても、客観的に判断すれば、「障害を理由とする差別」に該当する事例はよくあります。相手方が、一見もっともらしい（障害を理由とする差別ではないという）説明をしていたとしても、その説明が客観的状況と合致しているか、障害のない人に対する対応との一貫性があるか等に十分注意しながら、判断していく過程が重要です。そのため、その「異なる取扱い」の理由について丁寧に聴取する必要があります。

　次に、その差別的取扱いに正当な理由があるか否かを検討します。ここでは、当該差別的取扱いが客観的に見て正当な目的の下に行われたものであり、その目的に照らしてやむを得ないといえる場合であるか否かを判断することになります。もっとも、ここでもまた、単に相談者から聞き取った相手方の言い分を鵜呑みにするのではなく客観的に判断することが重要です。

## 2　「合理的配慮の不提供」類型

　仮に、外形的もしくは形式的には異なる取扱いが行われていない場合でも、何らかの配慮の提供がないため、実質的には不平等な取扱い

になっている場合があります（「合理的配慮の不提供」類型）。この場合、まず最初に、何らかの物的又は人的支援、その他の工夫などを提供すれば実質的に平等な取扱いとなるような手段が存在し、そのことを相談者が申し出ているにもかかわらず、それを相手方が提供しなかったかどうかを検討しなければなりません。配慮が可能であるにもかかわらず配慮が提供されなかった、と判断した場合には、次に、その配慮が「過重な負担」にあたるかどうかを検討します。ここで注意を要するのは、そもそも「合理的配慮」は一定の負担を前提としたものですので、単に負担があるということだけで「合理的配慮の提供」が免責されるわけではなく、負担が過重かどうか別途判断が必要だということです。また、その負担が過重といえるかどうかについては相手方の経済規模や被る影響だけではなく、それが提供されないことによって相談者が被る人権侵害の程度も考慮しましょう。

※「過重な負担」にあたるかどうかの判断の方法については、**本章第１節5**(3)の項（p.9）も参考にしてください。

## 3 重複した類型

「不当な差別的取扱い」に該当するだけでなく、「合理的配慮の不提供」にも該当するという事例もあります。事案の分析の結果、差別的取扱いに客観的に該当すると認められる場合、正当な理由に該当するかを検討することになります。その際、適切な「合理的配慮」が提供されていたならば、差別的取扱いをすることはなかった、といえる場合には、正当な理由はなかった、と判断し、「不当な差別的取扱い」であるということになります。検討の流れとしては、

① 障害を理由とする拒否、区別、排除、制限などの異なる取扱いがあるかを検討する。

② その行為に正当な理由があるといえるかの判断過程の中で、「合

理的配慮」がなされても異なる取扱いをせざるを得ないといえる
場合であるかどうかの検討をする。

という流れになります。

その結果として、「不当な差別的取扱い」であると同時に「合理的
配慮の不提供」といえる場合もあり得ることになります。

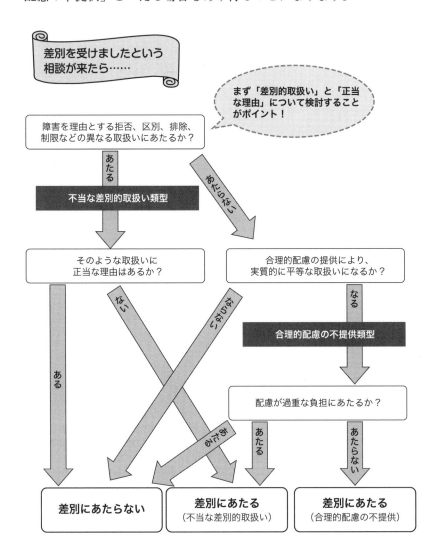

# 第3節　雇用促進法における差別禁止と合理的配慮

　差別解消法13条には、「行政機関等及び事業者が事業主としての立場で労働者に対して行う障害を理由とする差別を解消するための措置については、障害者の雇用の促進等に関する法律（昭和三十五年法律第百二十三号）の定めるところによる。」と定められています。したがって、障害者が雇用される場面においては、障害者の雇用の促進等に関する法律（以下、「雇用促進法」といいます。）が適用されることとなりました。

　これを受けて、差別解消法が定める差別的取扱いの禁止や合理的配慮の提供を、雇用促進法に盛り込むための改正が行われました（平成26年6月13日法律第69号）。具体的には、雇用促進法に「第二章の二　障害者に対する差別の禁止等」の一章が設けられ、障害者に対する差別禁止に関する規定（雇用促進法34条～36条）と、雇用の分野における障害者と障害者でない者との均等な機会の確保等を図るための措置（「合理的配慮の提供」）に関する規定（同法36条の2～36条の6）が新設されました。雇用促進法では、「募集・採用時」（同法34条、36条の2）と「募集・採用時以外」（同法35条、36条の3）の場面に分け、「不当な差別的取扱い」をしてはならず（同法34条、35条）、「必要な措置」を講じなければならない（同法36条の2、36条の3）と定めています。ここでいう「必要な措置」とは、差別解消法における「合理的配慮」と同様のものとされています（合理的配慮指針）。

　なお、この改正では、事業主に求められる障害者に対する「差別的取扱いの禁止」と、「合理的配慮の提供」が、ともに法的義務として定められたことが特徴となります。

## 1　雇用促進法の対象となる「障害者」とは

　雇用促進法における「障害者」とは、「身体障害、知的障害、精神障害（発達障害を含む。）その他の心身の機能の障害があるため、長期にわたり、職業生活に相当の制限を受け、又は職業生活を営むことが著しく困難な者」とされています（2条1号）。心身の機能障害（病気を含む。）によって職業生活に困難がある人は全て対象となりますので、差別解消法における「障害者」と同様、障害の範囲を狭く捉えてしまうことのないよう注意が必要です。

## 2　意思の表明

　雇用促進法では、「合理的配慮の提供」に関する障害者からの「意思の表明」についても特徴があります。雇用促進法では、①募集・採用の場面では、事業主は障害者からの「申出により」（雇用促進法36条の2）、「合理的配慮の提供」を行うことになりますが、②採用後の場面では、事業主は障害の有無について認識することが可能であるため、事業主が職場において障害者の支障となっている事情の有無等を確認した上で、「合理的配慮」の内容を確定し提供するとされ（合理的配慮指針3の2(1)）、障害者からの「申出」は必要とされていません。このように、雇用促進法では、「合理的配慮」を受けるために障害者の「意思の表明」を必要としている差別解消法（**本章第1節5**(2)（p.8））とは異なる点が特徴となります。

## 3　指針の策定

### (1)　指　針

　雇用促進法では、障害者に対する「差別的取扱いの禁止」と、「合理的配慮の提供」に関して、厚生労働大臣が必要な指針を定めるもの

としており（雇用促進法36条、36条の5）、この規定に基づいて差別禁止指針及び合理的配慮指針が策定されました。

## (2)　差別禁止指針（第3章4（p.226））

この差別禁止指針は、「第1　趣旨」、「第2　基本的な考え方」、「第3　差別の禁止」の3項目により構成されています。

そして、「第2　基本的な考え方」では、「ここで禁止される差別は、障害者であることを理由とする差別（直接差別をいい、車いす、補助犬その他の支援器具等の利用、介助者の付添い等の社会的不利を補う手段の利用等を理由とする不当な不利益取扱いを含む。）である。」ことが示され、「直接差別」の意味が広く捉えられていることに注目する必要があります。

また、差別禁止指針では、「募集に際して一定の能力を有することを条件とすることについては、当該条件が当該企業において業務遂行上特に必要なものと認められる場合には、障害者であることを理由とする差別に該当しない。一方、募集にあたって、業務遂行上特に必要でないにもかかわらず、障害者を排除するために条件を付すことは、障害者であることを理由とする差別に該当する。」ことが示されている点も注目する必要があります。これは、例えば、ある企業が募集・採用にあたって「運転免許証を有すること」という条件を付した場合のように、障害とは関係のない条件が付された場合を考えてみると、よく理解できます。「運転免許証を有すること」という条件が付された場合、運転免許証を取得できない視覚障害者は、この企業の募集からは排除されてしまうことになります。しかし、この企業が運送業者であり、運転手を募集するような場合には、運転免許証を有することは「業務遂行上特に必要なもの」であり、差別には該当しません。一方、その企業が事務職員を募集するような場合には、運転免許証を有することは「業務遂行上特に必要でない」と考えられますから、「障害者

を排除するために条件を付」した可能性があるとして、差別に該当するか否かが検討されることになります。このように、差別禁止指針では、障害とは関係のない条件が付された場合であっても、差別に該当する可能性があることを示している点に注目する必要があります。

### ⑶ 合理的配慮指針（第3章**5**(p.233)）

この合理的配慮指針は、「第1 趣旨」、「第2 基本的な考え方」、「第3 合理的配慮の手続」、「第4 合理的配慮の内容」、「第5 過重な負担」、「第6 相談体制の整備等」の6項目により構成されています。

そして、「第4 合理的配慮の内容」には、別表が付されています。この別表には、障害区分ごとに、「募集及び採用時」、「採用後」のそれぞれについて、具体例が示されていますので、参照してください。

また、「第5 過重な負担」の内容については、**本章第1節5**⑶（p.9）で示した五つの要素の他に「公的支援の有無」が加えられている点に注目する必要があります。

第**2**章

事　　例

移　動 ｜ 地域生活

 **車いす利用者が公共交通機関（バス）の利用を拒否されたケース**

**事例**

　私は脳性麻痺の障害がありますが、旅行先で、電車で出かけることを思い立ち、旅館の最寄りの駅までバスに乗ろうと、朝7時頃、X市バスの停留所で待っていました。

　X市バスのノンステップバスがやってきました。バスには15人ほど乗っていて、少し混みあっているようでした。

　私が乗り込もうとすると、運転手は、車いす用スペースの座席に既に他の乗客（車いす利用者ではない）が座って居眠りしており、乗客を起こして車いす用スペースを空けるのはしのびないと思ったのか、あるいは、後続のバスの方が空いていて私にとっても都合がよいだろうと思ったのか、「次のバスに乗ってください。次のバスの方が空いていますよ。」と言って私を乗車させませんでした。

　私は、仕方なく15分ほど待って次のバスに乗りこみ、Y電鉄のZ駅にたどり着きました。

　私は、乗車する際のスロープの手配を頼もうと思い、改札口に行ったところ、駅員がいません。Y電鉄の窓口に電話したところ、Z駅では経営合理化のためその時間帯に駅員を配置していない（無人駅化する）ため、前日に予約をしないとスロープの手配等の対応をすることができないと言われました。

　私は、結局、電車で出かけることができず、旅館に戻ることにしました。

**設問**

1　X市バスの運転手の対応は障害を理由とする差別にあたるでしょうか。

2　Y電鉄の対応は障害を理由とする差別にあたるでしょうか。

【論点】

・障害のある人の移動の自由

・バスが混みあっていること、車いす用スペースを他の乗客が利用していることの「正当な理由」の該当性

・前日予約を条件とすることの「正当な理由」の該当性

## 解説

### 1 バスの運転手の対応は「不当な差別的取扱い」にあたるか

　X市バスの運転手が相談者を乗車させなかったことは、差別解消法が禁止する「不当な差別的取扱い」に該当するでしょうか。

　(1)　差別的取扱いにあたるか

　X市バスの運転手が相談者を乗車させなかった理由は、車いす用スペースの座席に他の乗客が座っていたこと、車内に15名程度の乗客が乗っていた（少し混みあっていた）ことにあったようです。

　車いすスペースの座席に他の乗客が座っていたという理由は、相談者は車いすを利用しているから車いすスペースに誘導しなければならない。しかし、車いす用スペースが空いていない、と分析することができます。要するに「相談者は車いすを利用しているから」という点が理由となっており、車いす利用という障害を理由としていることになります。

　車内が少し混みあっていたという理由はどうでしょうか。バスの定員は、一般に、大型バス78名、中型バス58名、小型バス37名といわれています。つまり15名という人数は、一番定員の少ない小型バスであっても定員の半分以下であり、車いすを利用していない乗客が乗り込む場合、混みあっているという理由で乗車拒否をすることは考えられません。そのため、この理由も、乗客が車いすを利用していると

いう障害を理由としていることになります。

　よって、X市バスの運転手が相談者を乗車させなかったことは、障害を理由としてサービスの提供を拒否すること（障害を理由とする拒否）、すなわち障害を理由とする差別的取扱いに該当します。

### ⑵　「不当な」差別的取扱いにあたるか（「正当な理由」はあるか）

　では、上記の二つの理由は正当といえるでしょうか。

　「正当な理由」があるとされるのは、障害のある人に対し、障害を理由として、財・サービスや各種機会の提供を拒否するなどの取扱いをすることが、客観的に見て正当な目的の下に行われたものであり、その目的に照らしてやむを得ないといえる場合です。

　「正当な理由」に相当するか否かについては、個別の事案ごとに、障害のある人、事業者、第三者の権利利益（例：安全の確保、財産の保全、事業の目的・内容・機能の維持、損害発生の防止等）等の観点から、具体的場面や状況に応じて総合的・客観的に判断することが必要です。

#### ア　移動の自由の重要性

　「不当な差別的取扱い」について検討する際、当該事象が差別にあたるかどうかを検討するだけでなく、差別によっていかなる権利が侵害されたのかを検討することも重要です。

　侵害される権利の重要性は、差別的取扱いが許容される「正当な理由」についての判断を左右することもあり得るからです。

　この事例で侵害されている権利は、移動する権利／自由です。移動の自由は、憲法13条や憲法22条等により保障される重要な権利です。

　身体障害のある人の移動の自由について、東京高裁平成21年9月30日判決（判例タイムズ1309号98頁）は、「人が社会生活を営むうえにおいて、用務のため、あるいは見聞を広めるため、移動することの重要性は多言を要しないところである。その意味で、移動の自由の

保障は、憲法13条の一内容というべきものと解するのが相当である。ところが、身体障害者は、健常者と異なり、程度の差こそあるものの移動の自由が損なわれている。したがって、身体障害者にとっての移動の自由は、健常者と同様に、場合によれば健常者より以上に、その自立を図り、生活圏を拡大し、社会経済活動への参加を促進するという観点からは、大きな意義がある」と述べ、障害のある人にとっての移動の自由が特に重要であることを強調しています。

このように、移動の自由が重要な権利であることから、これを侵害する差別に「正当な理由」があるかという点については、厳格に検討すべきです。

### イ　具体的なあてはめ

まず、X市バスが相談者を乗車させなかった一つ目の理由は、車いす用スペースの座席を利用している他の乗客が居眠りしており、起こすのがしのびなかったということです。乗客に気持ちよくバスを利用してもらいたい、だから安眠を妨害したくないという気持ちは理解できます。しかし、バス事業の本質は旅客運送サービスを提供することにあり、乗客に睡眠場所を提供することではありません。運転手が乗客を起こして車いす用スペースを空けるよう要請することは、サービス提供義務に違反するわけではなく、バス事業の目的や機能に反するものではありません。そのため、運転手が他の乗客にこのような要請をしないまま、車いす用スペースが空いていないことを理由として相談者の乗車を拒否したことに、正当な理由があるとはいえません。

二つ目の理由は、後続のバスの方が空いているだろうと考えたということです。運転手としては、相談者が乗客の少ないバスでより快適に乗車できるだろうと気を使ったのかもしれません。しかし、前記(1)のとおり、バスの定員からすると、当時、バスの車内は相談者が乗車困難なほど混みあっていたわけではなく、相談者を乗車させることによりバス事

業の機能に影響をきたすとか、安全面での支障が生じる等の問題はありませんでした。また、混みあったバスでもいいので乗車したいか、空いているバスに乗りたいかは、運転手が判断することではなく、相談者が判断することです。そのため、運転手が相談者の意向を確認しないまま、後続のバスの方が空いているだろうという理由で相談者の乗車を拒否したことにも、「正当な理由」があるとはいえません。

## 2　Y電鉄の対応は「不当な差別的取扱い」にあたるか

　Y電鉄が、車いす利用者に、スロープの手配のため前日の予約を必要としていることは、差別解消法が禁止する「不当な差別的取扱い」に該当するでしょうか。

### (1)　差別的取扱いにあたるか

　相談者がY電鉄にスロープの手配を求めたことは、「合理的配慮の提供」を求めたということです。これに対してY電鉄はスロープを手配しなかったのですから、この事例は、「合理的配慮の不提供」の類型にあたると考えてしまうかもしれません。

　しかし、相談者は、スロープの手配を受けられなかっただけでなく、そもそも電車に乗ることができませんでした。このような場合、「合理的配慮の不提供」ではなく、「不当な差別的取扱い」の類型にあたることに注意が必要です。具体的には次のように考えます。

　車いすを利用している相談者にとって、ホームと車両を橋渡しするスロープの手配は必須であり、スロープなしで相談者が電車に乗ることはできません。そして、Y電鉄がスロープの手配について前日までの予約を求めることは、相談者に対し、「前日までの予約をしなければならない」という乗車のための条件を付していることになります。

　相談者が車いす利用者でなければこのような条件が付されることはないはずですから、このような条件を付すことは、車いすの利用とい

う障害を理由とした差別的取扱い（障害者でない者に対しては付さない条件を付けることにより権利利益を侵害する行為）に該当します。

⑵　「不当な」差別的取扱いにあたるか（「正当な理由」はあるか）

では、前記⑴の条件を付すことに「正当な理由」があるといえるでしょうか。

Ｙ電鉄が前記⑴の条件を付しているのは、Ｚ駅では一定の時間帯に無人駅化してしまうからであり、この条件を付さないようにするためには、駅員を常駐させる、常駐が難しい場合には近隣の駅に配置された駅員を呼び出せるようにする、運転手又は車掌が介助する等の措置が必要となります。１で述べた移動の自由の重要性や、電車の公共交通機関としての役割に鑑みれば、鉄道会社としては、障害のある者が常に利用する可能性があることを考慮すべきであり、事業に著しい悪影響が生じない限り、上記のような措置が採られるべきです。

事業に著しい悪影響が生じるとはいえないにもかかわらず、そのような措置を講じないまま、前記⑴の条件を付すことに「正当な理由」があるとはいえません。

Column 2

## まだまだ解決していない乗車拒否問題

差別解消法施行後も、公営バスによる車いす利用者の乗車拒否、一定のサイズを超える車いす利用者に対する鉄道会社による乗車拒否等が報告されており、乗車拒否問題は後を絶ちません。

事前の予約をしなければ乗車ができない（著しく困難）という交通機関もあります。

障害のある人等が利用しやすいように作られたユニバーサルデザインタクシー（UDタクシー）でさえも、乗車拒否の事例が多数報告されています。

**両上肢に麻痺のある人が市立図書館の 窓口で代筆依頼を拒否されたケース**

### 事例

　私には、肢体不自由（両上肢に麻痺がある）の障害があります。

　私の住んでいるX市の市立図書館では、市民向けに会議室の貸し出し事業を行っていて、誰でも利用することができます。この市立図書館は、X市からの委託を受けて、A事業団が運営しています。

　会議室を借りるためには、市立図書館の窓口で申込書を記入する必要があります。私は麻痺のため、筆記用具を持つことができないので、窓口の職員に、申込書なしで利用できないか尋ねました。すると、窓口の職員からは、「申込書の提出がなければ、利用はできません。自分で自動車を運転して施設までこられるのだから、書類の記入もできるでしょう。」と言われてしまいました。

　そこで、私は、窓口の職員に、申込書への記入を代筆してほしいと依頼したのですが、自分で書くようにと断られてしまいました。

　職員は、自立や社会参加のためには、読みにくい字になったとしてもなるべく本人がやることが大切だという思いがあったようです。しかし、私にとって、文字を書くことはとても難しく、文字を書くことを強いられることは、とてもつらいことなので、会議室の利用は諦めました。申込書なしでも利用できるようになればと思うのですが、それはできないのでしょうか。申込書が絶対に必要だというのであれば、せめて代筆をしてもらえたらと思うのですが、それも難しいでしょうか。

### 設問

　申込書の提出を求めたり、代筆を拒否したりした市立図書館の対応にはどのような問題があるでしょうか。

## 【論点】

- ・A事業団の「行政機関等」、「事業者」の該当性
- ・「不当な差別的取扱い」か「合理的配慮の不提供」か
- ・自筆ができないことを理由に利用を断る場合の「正当な理由」の有無
- ・「合理的配慮」の内容、「合理的配慮」の決定プロセス
- ・「過重な負担」の該当性

## 解説

### 1　A事業団は、差別解消法の「行政機関等」か「事業者」か

　A事業団は、X市からの業務委託を受け、市立図書館の運営を行っています。A事業団のような団体は、差別解消法上の「行政機関等」と「事業者」のどちらに該当するのでしょうか?

　差別解消法における「行政機関等」と「事業者」の定義については、第1章第1節**2**(2)(3)（p.3、4）を参照してください。

　図書館、公園、体育館など公立の施設を指定管理者や業務委託を受けた者が運営している場合は、「行政機関等」そのものには該当しないとされており、「事業者」に該当するとされています。

　A事業団の場合、X市からの業務委託を受けて図書館の運営をしていますので、「行政機関等」にはあたりませんが、図書館の運営業務を反復継続して行っていますので「事業者」に該当するということになります。

### 2　代筆拒否は障害者差別にあたるか

(1)　「不当な差別的取扱い」に該当するか

　ア　「差別的取扱い」に該当するか

　相談者は、申込書を書いて提出できないことを理由に図書館の会議

室の利用を断られています。これは、相談者が麻痺のために自筆で申込書を作成できないという相談者の障害特性を理由に図書館会議室の利用を断っていることになり、障害を理由とする拒否・排除（＝差別的取扱い）に該当します。

**イ　「不当な」差別的取扱いにあたるか（「正当な理由」はあるか）**

では、自筆で申込書を作成できないことを理由に会議室の利用を断ることには「正当な理由」があるでしょうか。

「正当な理由」については、**第1章第1節4**(2)（p.6）を参照してください。

**i　目的の正当性**

会議室の利用申込書の自筆での記入は、申込者本人が本人の意思で申し込んだことを確認するという目的のために求められていると思われます。その目的自体は正当といえるでしょう。

**ii　手段の合理性**

しかし、その目的を達成するための「手段」を、「自筆で申込書を作成すること」に限ることには合理性はあるでしょうか。

そもそも、障害があって、自分で筆記用具を持って字を書くことが難しい人に「自筆で書かなければだめだ」ということを強要することは、その人の尊厳を傷つける行為ですらあります。

口頭でも代筆でも申し込みの意思を確認することは可能です。最近では、ウェブサイトからフォームに記入してサービス利用の申込みをすることもよくあることです。

**iii　「代筆」という「合理的配慮」を提供することの可否**

加えて、相談者は、両上肢麻痺という障害のため筆記用具の利用が難しいので、職員に代筆を依頼したいという申入れをしています。これは、「合理的配慮の提供」を求める「意思の表明」といえます。

代筆であっても、本人の意思を反映していることを確認することは

十分にできます。例えば、代筆者を明記する、複数人で代筆内容を確認する、代筆の記録を取る等の方法が考えられます。実際に、より本人の意思確認の必要性が高いと思われる金融機関での用紙記入でも代筆が可能であるとされています。市民への会議室貸し出しサービスという事業の目的・内容からすると、厳密な自筆記入が求められているとはいえないでしょう。

そうすると、本件においては、「本人の意思確認のために自筆での申込書を作成する」ことに「正当な理由」があるかの判断をするにあたっては、この「代筆」という「合理的配慮の提供」の可否についても勘案する必要があります（第1章第1節5（p.7）参照）。

「合理的配慮の提供」の可否を検討するにあたっては、相談者の依頼への対応が、市立図書館にとって「過重な負担」に該当するかどうかが問題となります（第1章第1節5(3)（p.9）参照）。

窓口での代筆は、窓口職員の負担を増やすことになります。そこで、この負担が「過重」といえるかどうかについて、代筆が必要な利用者の数や、一件あたりの代筆に要する時間、手間等を具体的に検討し、窓口職員に具体的にどの程度の負担が生じるのかを検討することが必要です。

代筆を求める利用者はそれほど多くなく、一件あたりの時間や手間も、業務を逼迫するほどではない、ということになれば、「過重な負担」には該当しないということになりやすいでしょう。

窓口職員の負担が、職員の業務を圧迫する程である場合には、負担を軽減するための方法や別の手段も検討する必要があります。例えば、職員の数を増やす、別の窓口で対応するという方法を取ることはできないかを考える必要もあるでしょう。そもそも「利用申込書の必要事項を伝えて会議室の貸し出しを利用する。」という目的のための手段は、窓口での利用申込書の記入・提出には限られないはずです。例え

ば、自宅からインターネットを利用して申込みができるような仕組みを作る、端末を利用した申込みができるようにするなどの方法も検討する必要があります。

　負担や手段を検討する際には、公共サービスとして、どの程度の「合理的配慮の提供」が求められるかについて、十分に検討する必要があります。公立図書館は、公共性の高い事業ですから、利用できないことによる不利益は大きいものだという視点を持つことが重要です。

　本件のような事例では、「代筆」という「合理的配慮の提供」を拒否することは差別に該当するといえる場合が多いでしょう。

　　iv　まとめ

　本件では、利用者の意思を確認する方法を「自筆」に限定することには合理性はなく、また、「代筆」という「合理的配慮の提供」を選択することも可能といえます。

　そうすると、相談者に対して自筆での申込書記入ができないことを理由に会議室利用を拒否・排除することには客観的に見て正当な目的があり、その目的に照らしてやむを得ないとは到底いえず、「正当な理由」があるとはいえません。

　相談者が、申込書を自筆で作成できないことを理由に会議室の利用ができなかったということは、「不当な差別的取扱い」に該当します。

## 3　市立図書館ではどのような対応をすべきか

　これまで述べたとおり、市立図書館で申込書の自筆記入ができないことを理由に利用を断ることは、障害者差別に該当します。

　市立図書館としては、自筆が困難な者（「自筆困難者」）からの申込みであっても対応ができるよう、検討しておく必要があります。

　例えば、会議室の利用申込書の自筆での記入は、申込者本人が本人の意思で申し込んだことを確認するという目的のために求めるもので

すから、自筆困難者から申込みがあった場合には、口頭で確認して、担当者が申込書を作成する、代筆者を明記する、複数人で代筆内容を確認する、代筆の記録を取る等の方法で利用申込書が本人の意思を反映していることを確認するための手順について、内規・手続きを整備するなどがよいでしょう。

　ここで重要なのは、対応を検討するにあたっては、障害のある当事者の意向を十分に尊重することです。設問の窓口職員のように、「○○はできるはず」、「▼▼が本人のためだ」というような偏見や思い込みで対応することは当然許されませんが、一方的に「こういう方法がいいだろう」、「障害のある人にはこれが役に立つはずだ」と考えることもまた、障害に対する偏見の表れともいえます。「合理的配慮」の内容は、障害の種別や程度により異なり、個別性・多様性が高いものです。また、一方的にこのような配慮がいいだろう、と決めつけて提供することでは権利の実現にはつながりません。障害のある人としっかりと向き合い、対話の中から解決につなげていくことが重要です。このようなプロセスによって、障害のある人の実質的平等が確保されます。そして何より、障害のある人と行政機関、事業者がお互い良い関係を築いていくことができるようになります。

聴覚障害のある人が観覧車の利用を
拒否されたケース

### 事例

　私は、聴覚障害があります。同じく聴覚障害のある交際相手と、デートで観覧車に乗ろうとしましたが、「聴覚障害者のみの搭乗はできません。」と断られてしまいました。職員からは、「緊急時は、観覧車に付いているスピーカーを利用して音声で案内するシステムしかなく、電光掲示板などの対応はできないので、聴覚障害者のみの利用は対応できません。」と説明されました。また、「職員が同乗するのなら聴覚障害者同士でも搭乗可能です。」と言われましたが、納得いきません。

### 設問

1　「聴覚障害者のみでの観覧車の搭乗を拒否する」、「職員が同乗するのなら聴覚障害者同士でも搭乗できる」という職員の対応にはどのような問題があるでしょうか。
2　職員はどのような対応をすべきであったのでしょうか。

### 【論点】

・搭乗者の生命身体の安全を理由に断る場合の「正当な理由」の有無
・事業所の安全配慮義務を理由に断る場合の「正当な理由」の有無
・搭乗拒否という手段を用いることの「正当な理由」の有無

### 解説

## 1　職員の対応は障害者差別にあたるか

### (1)　利用者の安全確保が理由である場合

聴覚障害のない者は観覧車に搭乗できるけれど、聴覚障害者のみの

場合観覧車搭乗はできないという運用は、聴覚障害があることに着目した区別であり、障害を理由としてのサービス提供拒否にあたります。これにより、聴覚障害同士のカップルの二人は、観覧車に搭乗できないという不利益を被ることになります。

　よって、「正当な理由」のない限りは「不当な差別的取扱い」にあたることになるため「正当な理由」の有無が問題となります。本件では、事業者側は、緊急時の対応ができないことを理由にしていますので、これが、客観的に見て正当な目的のもとに行われたものであり、その目的に照らしてやむを得ないといえるかが問題となります（第１章第１節**4**(2)（p.6）参照）。

　「緊急時の対応ができない」とは、より厳密にはどういう意味でしょうか。まず考えられるのは、緊急時に利用者の安全を確保するため、すなわち、利用者の生命・身体の安全性が確保できないことを指していると考えられます。利用者の安全安心が確保できないという理由は、実際に搭乗拒否やサービス利用拒否の場面でよく使われます。しかし、安心・安全という漠然とした抽象的な理由は、障害者を社会から隔離・排除する際に十分な客観的・科学的根拠もなく使われがちです。そのため、基本方針においても、「障害の種類や程度、サービス提供の場面における本人や第三者の安全性などについて考慮することなく、漠然とした安全上の問題を理由に施設利用を拒否すること」が差別にあたることが明記されています。

　そこで、具体的にどんな場合が想定されるのか、その場面において実際に利用者の生命・身体に危険性が生じることが現実的なのかを検討します。例えば、観覧車の倒壊といった事態は、そもそも発生頻度が希少すぎて現実的ではなく、想定場面として不適切でしょう。実際に起きることは想定しがたいですが、万が一、大規模な地震などによってそのような事態が生じた場合には、スピーカーで情報を伝えること

で安全性を確保するというような状況ではないことが想定され、安全性の確保は、聴覚障害によって左右される場面ではないでしょう。

　現実的に想定される緊急な事態は、停止した場合、さらには停止した場合において体調不良が起きたときだと思われます。

　この場合、聴覚障害者は音声での情報取得・コミュニケーションに社会的障壁があるためスピーカーによる情報提供では状況の詳細を客観的に把握することができません。しかし、停止していることは乗車していれば自ずと明らかになりますし、スピーカーによる情報提供はあくまで利用者が状況の子細を把握するためのもので、それにより、観覧車から脱出できるようになったり、体調が安定するようなものではありません。そうすると、スピーカーによる情報提供は、利用者の生命・身体の安全に直接に影響するものとはいえず、利用者の生命・身体の安全性確保という理由は、客観的な根拠に基づく「正当な理由」とは認められないということになります。

　よって、利用者の生命・身体の安全性確保を理由とするサービス提供の拒否は、正当な理由を欠き、聴覚障害を理由にした障害者でない者と「不当な差別的取扱い」にあたります。

　これに対しては、「正確かつ子細な情報の提供が、安心感につながり、ひいては安全に寄与するのだ」との指摘があり得ます。確かに、そういった側面は否定できません。しかし、障害による差別的取扱いを正当化し得る「正当な理由」は、「安全性に寄与する」、「可能性が否定できない」といった抽象的なものでは足りず、差別的に扱わなければその人の安全性が損なわれることがかなりの現実性をもって予見できるような客観的なものである必要があります。聴覚障害を持つ人も当然に社会の一員であり、本来、聴覚障害を持っていることによってサービスを受けられないことはあってはならないからです。

　聴覚障害者は、およそ社会一般において、音声情報を制約された日

常を過ごしています。電車でもバスでも、図書館でも、映画館でも、何かが起きたときに、音声情報は聞こえない、ないしは聞き取りづらいのが、聴覚障害者の日常です。

　そのような日々を送っている聴覚障害者に対して、普段から音声情報で緊急時の情報を把握している多数派の感覚を前提に「緊急時に音声情報が入らなければパニックになるに違いない」としてサービス提供を怠ることは、あくまでサービス提供者側の感覚的なもので、客観的な根拠に基づくものではなく、時に差別や偏見につながってしまうことに注意しなければなりません。

## (2)　事業者の安全配慮義務を理由とする場合

　もっとも、事業者としても、パニックを回避するため、できれば停止した観覧車の搭乗中の利用者にも情報を届けたいと思うでしょう。

　では、事業者の観覧車を運用する上で、事故対応を円滑に行いたいという目的は、「正当な理由」にあたるでしょうか。

　事業者は、事業を営むにあたり、利用者が安全に施設を利用できるように配慮する安全配慮義務を負っています。そして、観覧車が停止した場合に、利用者に対して「なぜ停止したのか」、「復旧のめどが立つのか」という情報を提供することで、利用者がパニックになることを避け、不要な問合せ等を予防し、復旧作業を円滑に行い、ひいては利用者の安心感につながり、早急な事態の収拾を行えるであろうことは、具体的・現実的に予見できます。よって、事故時に情報を提供し、事故対応を円滑に行いたいという目的は、単なる憶測や偏見に基づくものではなく、具体的・現実的な根拠を伴ったもので、正当な目的にあたるといえます。

## (3)　手段の相当性

　では、事故時に情報を提供し、事故対応を円滑に行いたいという目的のために、聴覚障害者の搭乗を拒否するということは、相当な手段

といえるでしょうか。

前提として、障害者も障害のない者と同様に、社会の一員であり、全ての分野において、等しく参加する機会が保障されています（障害者基本法3条1号）。障害者が障害を理由としてレクリエーションの機会を制限されることは本来認められず、これが認められるのは正当な目的のために相当な手段である場合においてのみとされます。そうであるからこそ、相当な手段といえるためには、目的達成のための必然性が要求されます。

事故時に円滑に情報を提供したい、という目的のためには、後述のとおり、事業者においてほかに取り得る手段が多数存在します。そうだとすれば、かかる目的のために、聴覚障害者の搭乗を拒否するという手段を講じることは、障害者の権利の制約度合いが大きく、相当性を欠くものといわざるを得ません。

よって、事故時に情報を提供し、事故対応を円滑に行いたいという正当な目的の下においても、搭乗を認めないという対応は、手段としての相当性を欠き「正当な理由」のないものとして、「不当な差別的取扱い」に該当します。

## 2 職員はどのような対応をすべきであったと考えられるか

### (1) 従業員が同乗すること

では、相談者と交際相手が搭乗する際に、緊急時の対応のためとして、従業員を同席させることは認められるのでしょうか。

これは、障害のないものに対しては付さない条件を付けることになり、やはり、「正当な理由」が認められなければ差別に該当することとなります。

前述の通り、安全配慮義務として、利用者に情報を提供したいという理由自体は正当な目的といえます。では、従業員が同乗することに

ついて、手段としての相当性が認められるでしょうか。

　カップル二人でのデートの際に、観覧車内でも二人きりで楽しみたいと思うことは自然なことでしょう。職員が同乗するとどうなるか、容易に想像できると思います。二人きりで楽しい時間を過ごせるはずの観覧車内に第三者がいることで気まずくなる、楽しめなくなることは間違いないでしょう。仮に和やかな時間を過ごせたとしても、それは、「交際している二人が観覧車に乗る」体験とは別物であるといわざるを得ません。

　よって、そのような手段は、障害を理由に、レクリエーションの機会を奪われるもので、実質的には搭乗拒否と同じような結果につながるものといえ、目的達成のためにほかに手段があるのであれば、避けるべきものといえます。

　では、電光掲示板の用意がない状況において、他の手段で、事故時の情報保障を確保することはできるでしょうか。まず考えられるのは、ショートメッセージのやり取りのために電話番号を聞くことでしょうか。利用者がリレーサービスを利用しているのであればリレーサービスの番号を聞くことも考えられます（Column10（p.175）参照）。しかし、携帯番号は重要かつ漏洩した際のリスクが高い個人情報であり、本人が拒否した場合には提供を求める（提供しない限り搭乗を認めない運用をする）ことは、障害者の権利制約の度合いが高く、相当性を欠くものといわざるを得ません。

　事故時の情報を伝達する、という目的のためであれば、例えば、事業者が使っているSNSのアカウントや、ホームページを利用し、事故時には情報を対外的に発信する、といった対応が可能でしょう。このような対応を即日柔軟に行うことが困難であるとすれば（本来想定しておくべきことが望ましいですが）、事業者側で保持している携帯電話の番号を伝え、事故時にはその番号とショートメッセージのやり

取りを行うことも考えられます。

　事業者側が、それすらもできない、しない、という場合には、そのことを利用者に伝えた上で、利用者が搭乗するという場合には搭乗を認めるべきでしょう。事業者が安全配慮義務として、事故時に情報を円滑に届けたいという目的を果たすためには、事業者側にも安全配慮義務としてできることをすべき義務があるといえます。SNSアカウントやホームページに事故情報を掲載することもせず、事業者が有している携帯の番号を利用者に伝えるといったその場でとり得る方法も行わず、一方的に利用者たる聴覚障害者の側に負担を課すことは、手段としての相当性を欠き、正当な目的のない「不当な差別的取扱い」に該当することとなります。

### ⑵　事故を想定した環境整備義務・再発防止改善

　なお、「電光掲示板の対応ができない」と事業者側から説明していますが、相談者やBさんが観覧車を利用するための電光掲示板の設置を「合理的配慮」として求めることは、即座に用意できるものでもなく「過重な負担」にあたり、認めがたいでしょう。もっとも、事業者は、差別解消法5条に基づき、「社会的障壁の除去の実施についての必要かつ合理的な配慮を的確に行うため、自ら設置する施設の構造の改善及び設備の整備、関係職員に対する研修その他の必要な環境の整備に努めなければならない」と規定されています。本件に限らず、今後も聴覚障害者の利用者が来ることが想定されます。したがって、事業者は本件を踏まえ、聴覚障害者の利用者がいることを前提に、別途、電光掲示板に限らず、音声での案内内容を文字で伝えるための通信機器端末の貸出など、遊園地全体の施設の構造の改善及び設備の整備が必要かどうか検討し、また職員に対しても聴覚障害のある利用者に対してどのように対応すべきかに関して研修やマニュアル整備等を行い、的確な「合理的配慮」を行うことができるように環境整備に努めなけ

ればなりません。

　利用規約やマニュアルそのものが特定の障害のある者の単独利用を一律に禁止したり、付添い等の条件を付したりしている場合もありますので、その場合は見直しが必要です。その際は当事者の意見を反映し、障害があっても利用できるようにする工夫が必要です。そのことが、紛争の事前防止・再発防止にもつながります。

　なお、主務大臣は、差別解消法12条に基づき、「主務大臣は、第八条の規定の施行に関し、特に必要があると認めるときは、対応指針に定める事項について、当該事業者に対し、報告を求め、又は助言、指導若しくは勧告をすることができる」との規定があります。

　現に本件のように遊園地等の施設において、障害を理由にサービスを拒否したり付添者を求めた事例で、障害当事者等からの抗議を受け、都道府県担当部署が相談を受けたり、所轄省庁から行政指導を受けたケースもみられています。報道記事等にも取り上げられることもあります。例えば、経済産業省は、「2018年4月、国内のテーマパークにおいて、聴覚障害者4名が入園しようとしたところ、緊急時の安全確保が困難であることを理由に、付添者なしの入園を断られる事例があり、…当該テーマパークは、同法を踏まえ、本件における対応の誤りを認めた上で、再発防止に向けた運営マニュアルの修正等、各種対応を実施しているところです。　事業者の皆様におかれましては、今一度、差別解消法を理解・遵守いただくとともに、障害をお持ちの来場者から対応を必要としている意思が示された場合に際しては、「合理的配慮」に基づいた対応の実施をお願いいたします。」と呼びかけています[1]。また、2021年7月には、ロープウェイに一人で乗ろうとした聴覚障害者が緊急停止などの事態に外部と音声でやりとりできないことを理由に利用を断られ、職員との同乗を提案したという事案で、事業者が国土交通省から行政指導を受け、

事業者は同10月、「聴覚障害者の単独利用は断る」としたマニュアル
を変更し、緊急時に文字で連絡できるタブレット端末の貸し出しを
始めたという事例もあります[2]。

**注**

**1** 経済産業省「障害者差別解消法について」（2018年7月2日）
https://www.meti.go.jp/policy/mono_info_service/mono/creative/
news/20180702.html
**2** 毎日新聞2021年12月5日
https://mainichi.jp/articles/20211204/k00/00m/040/143000c

情報保障 政治参加・公的活動

 **知的障害のある当事者委員が意見を
表明するための配慮を求めたケース**

**事例**

　私は、X市の差別解消支援地域協議会の委員（知的障害のある当事者としての委員）として参加しています。

　事前に資料はいただいています。

　当日、支援者と一緒に参加していました。議長から議案についての説明がありましたが、とてもわかりにくい説明でした。

　議案についての意見を求められましたが、意見をまとめるのに時間がかかり、すぐに答えられませんでした。

　事務局である市の職員から、「支援者から、委員の意見をまとめて、説明いただけませんか。」と話があり、支援者も戸惑っていましたが、やり取りをして、支援者の口から、私の意見をまとめて説明してもらいました。

　このやり取りについて、私としては、①そもそも事前の資料説明が十分ではなく、②当日の議長からの説明も十分ではなく、③私の意見も十分に聞いてもらえず、④支援者に意見をまとめるように言われたことの一連のやり取りに、「私の意見を聞いてもらえていない。」という不満を持ちました。

　そこで、後日、私からX市に対して、「私の意見を直接聞くのではなく、支援者と直接やり取りするのは、不当な差別的取扱いである。」という意見を伝えたところ、市からは「限られた時間の中で支援者に話を振ったのは合理的配慮であり、差別ではない。」という回答が来ました。

　このやり取りについては、どのように考えればいいのでしょうか。

---

**設問**

1　X市の担当者が、相談者の意見を支援者に取りまとめるよう
求めた対応は、どのような問題があったのでしょうか。
2　相談者の意見をX市が聞き取るために、X市の担当者はどの
ような対応をすべきだったでしょうか。

---

【**論点**】

・「不当な差別的取扱い」か「合理的配慮の不提供」か
・本人の意思の表明がない場合に「合理的配慮」が認められるか
・会議という限られた時間の中で支援者に当事者の意見をまとめるよう求めることについての「正当な理由」の有無
・知的障害のある人に関する「合理的配慮」の具体例

**解説**

## 1　「不当な差別的取扱い」か「合理的配慮の提供」か

　市の職員は、会議の中で相談者が十分に意見がいえない中、支援者に意見を求めました。この対応は、相談者が主張するように「不当な差別的取扱い」になるのでしょうか。あるいは、市側が主張するように「合理的配慮」になるのでしょうか。

　そもそも、本人の意思の表明のない中で行われる「支援」が、「合理的配慮」にあたる余地があるのかが問題となります。

　第1章第1節**5**(2)（p.8）で述べているように、「合理的配慮」は、本人や支援者からの意思の表明を前提としています。確かに、本人の意思の表明がない場合にも、事業者の側から「合理的配慮の提供」を申し出ることは妨げられませんが、その場合においては、建設的対話を通じて本人の意向を確かめて行うことが重要です。全く本人の意思

を確認せず、結果として本人の意向に反して提供されたものは、「合理的配慮」にはあたりません。

そして、知的障害のある相談者に対してのみ、支援者によって意見をまとめてもらうよう要求することは、知的障害のある者のみが自ら意見をいえないことになるので、障害の有無によって異なる取扱いをすることにほかならず、差別的取扱いに該当します。そのため、「不当な差別的取扱い」かどうか、すなわち「正当な理由」の有無が問題となる事案ということになります。

## 2 「正当な理由」があるか

### (1) 意思表明権の重要性

一般的に、「当事者に話しかけず支援者に話しかける」ことは障害があることで障害のない人と異なる取扱いをすることであり、差別的な対応だとされています。

それはなぜでしょうか。

一つの理由は、障害のある人にも、当然ながら自らの意見を表明する権利があるからです。

この意見表明権は、自分の思っていることを伝える権利として表現の自由（憲法21条）の保障を受けるものです。1970年代に始まった障害者の権利獲得のための運動が"Nothing without us about us（私たち抜きに私たちのことを決めないで）"をスローガンとしていたように、自分のことについては自分で決めることは、人が生きるにあたっての根源的な欲求です。そして、自分のことについて自分で決めるためには、意見を表明することが不可欠です。

もう一つの理由は、いかなる理由があろうと、障害のある人本人の存在を軽視する対応は本人の尊厳を害する対応であり、許容されるべきではないからです。自分の意見を聞いてもらえない環境、常に誰か

が代わりに答える環境では、どれだけ「自分の人生」を生きていると
いえるでしょうか。たとえ似た内容であっても、自分の言葉で伝える
ことと、他人が代弁することは同じではありません。個人として尊重
されるということ、人に存在を認められるということは、自分の話を
聞いてもらうこと、と密接に関わっているのです。

　しかし、障害のある人はコミュニケーションに障害がある、正常な
意思決定ができない等と判断されることで、意見表明権を軽視されが
ちです。このことは、障害者権利条約21条が、侵害されがちな意見
表明権について、独立して条項を設けて以下のように定めていること
からも窺うことができます。

　　　「締約国は、障害者が、第二条に定めるあらゆる形態の意思疎
　　通であって自ら選択するものにより、表現及び意見の自由（他の
　　者との平等を基礎として情報及び考えを求め、受け、及び伝える
　　自由を含む。）についての権利を行使することができることを確
　　保するための全ての適当な措置をとる。この措置には、次のこと
　　によるものを含む。（中略）(b) 公的な活動において、手話、点字、
　　補助的及び代替的な意思疎通並びに障害者が自ら選択する他の全
　　ての利用しやすい意思疎通の手段、形態及び様式を用いることを
　　受け入れ、及び容易にすること。」

　では、「正当な理由」の有無を検討していきます。

　「正当な理由」の判断においては、異なる取扱いが客観的に見て「正
当な目的」の下に行われたものであり、その目的に照らして「やむを
得ない」といえるかが問題となります。

　そして、前に述べた意見表明権の重要性からは、「正当な理由」の
有無については厳格に検討しなければなりません。

　会議の場で自ら意見をいえるかいえないかは、会議に参加できるか
と同じくらい本質的に大事なことです。支援者がまとめて話すという
ことを当事者が希望した場合は別として、一つ一つの言葉を当事者が
紡いでいき参加者に伝えること、参加者の意見に対して当事者自らが
賛成、反対の意見を述べること、自らの言葉と選択により議論に参加
することが会議に対する実質的参加であり、意見表明権の実質的な保
障といえるでしょう。

　一般的に、会議という本来意見表明権が保障されるべき場面におい
て、意見を本人に一切求めることなく支援者に求めることは、客観的
に見て正当な目的があるとは認められず「正当な理由」が認められな
いため、「不当な差別的取扱い」に該当します。

　では、本事案のように、当事者に一度は意見を聞く機会が与えられ
たにもかかわらず、当事者がうまく意見がいえなかった場合に、「限
られた時間の中で意見を聞くため」に支援者に意見を求めることには
「正当な理由」が認められるでしょうか。

　まず、市側が「限られた時間の中で意見を聞くため」に支援者から
の発言を求めた対応には、会議における議論を調整するための「正当
な目的」があるとも考えられます。一方で、そもそも障害のある委員
が参加することが想定されている会議において、当該委員の意思を尊
重せずに市側が安易に支援者の意見を求める対応は、客観的に見て「正
当な目的」が認められないとも考えることは可能です。

　次に、「やむを得ない」対応であったかについては、市側が「合理
的配慮」を提供することで対応できる余地があったかが問題となりま
す。しかし、**3**で詳しく述べるとおり、市側は事前に当該委員が十分
な意見表明ができるように調整し、当日も当該委員から意見聴取がで
きるよう様々な配慮ができたはずです。すなわち、「合理的配慮」を
提供すれば当該委員からの意見聴取は十分可能であったと思われるこ

とから、市側の取扱いは「やむを得ない」ものとはいえず、正当な理由は認められないものといえます。

　したがって、本事案の市側の対応は、「不当な差別的取扱い」に該当するものとして、改善が求められることになります。

## 3　知的障害のある人に関する「合理的配慮」

　本事案の当事者には知的障害があります。知的障害のある当事者に対しては、一般的にはその理解を助けるための丁寧な説明、十分な時間を確保したやり取り、コミュニケーションに関する補助的なツールや方法の利用などが考えられます。

　この点、「合理的配慮」の観点からは、①実質的に当事者が参加できるためにどうしたらいいかという視点を持つことと、②当事者との建設的対話を通じ、当事者の意思を尊重しながら様々な対応策を柔軟に検討していくことが重要です。

　本事案では、①の観点からは、例えば、次のような配慮が考えられます。

(1)　**会議前**

・できるだけ早く資料を提供する。

・資料に振り仮名を振る、写真やイラストを入れる。

・資料の分かりやすい版を提供する。

・会議前に説明の時間を作る（会議の数日前や当日の会議前に、会議の目的や検討事項、資料の内容について主催者は事務局から当事者に説明する。）。

・会議中の配慮内容について委員全体に周知する。

(2)　**会議中**

・発言の時間をあらかじめ設定する。

・発言時間前に休憩を入れて発言内容を整理できる時間を作る。

・ゆっくりお話しいただいてかまわない旨を伝える。

・発言時間を十分に確保する。

・発言内容を書面でもいただき、発言のタイミングで委員に共有する。

・説明が分からない場合はイエローカードを上げてもらう等、分かりやすい説明を求めるための方法を確保する。

　もっとも、上記はあくまで実際に行政機関等が会議の際に行っている配慮の例であり、「合理的配慮」を実施するには、②当事者との建設的対話を行うことが必須です。当事者が希望する内容や、普段から受けている配慮の内容を確認するとともに、場合によっては他の行政機関等が実施している内容を問い合わせるなどして当事者に提案し、当事者の意思を尊重しながら、実質的に会議に参加できる方法を検討していくことが重要です。

　知的障害のある当事者が、協議会等の会議に実質的に参加することは決して容易なことではありません。「合理的配慮」がなければ、当事者は会議の場にはいても実質的な参加ができておらず、そのことを委員や事務局が認識していなければ会議はどんどん進行し、当事者が「配慮を求めると会議時間が長くなって他の委員に迷惑をかけてしまう」などと考え、ますます配慮を求めにくくなってしまいます。

　このような事態を解消するには、会議前から当事者と対話を開始し、会議体全体が当該当事者のことを考え対応できるよう、「合理的配慮」を実施していくことが必要です。

施設利用　情報保障

 弱視の人が総合病院の会計窓口に
たどり着けなかったケース

**事例**

　私は、弱視の視覚障害者です。総合病院に入院していた祖母が退院することになったので、病院の方から迎えに来てほしいと言われ、病院に行きました。

　病棟で退院手続をとったところ、看護師から、病院に入ったところにある会計窓口に行ってほしい、と言われました。

　病院の入口に行ったところ、窓口がいっぱいあり、どれが会計窓口か分かりませんでした。案内板のようなものはありましたが、黄色の背景色に白文字で案内が書かれていたので、よく読めませんでした。

　目の前の受付が混んでいたので、なかなか人に聞くこともできませんでしたが、勇気を出して、目の前の受付の方に、目が悪いのでどこが会計窓口か教えてほしい、とお願いしたところ、忙しかったのか、「あちらの方です。」とだけ言われ、他の方の対応を始めてしまい、それ以上聞くことができませんでした。

　「あちらの方」と言われても、どこに会計窓口があるか分かりません。

**設問**

1① 　受付の方は、どのような対応をとるべきだったのでしょうか。

　② 　相談者が白杖を持っていた場合で、目が悪いことは言わずに「どこが会計窓口か教えてほしい」とだけ言った場合、受付の方は、どのような対応をとるべきだったのでしょうか。

2 　病院から、「視覚障害のある人への合理的配慮として、館内表示をわかりやすくしたいんです。」と相談を受けた場合、どのように応えるといいでしょうか。

【論点】‥‥‥‥‥‥‥‥‥‥‥‥‥‥‥‥‥‥‥‥‥‥‥‥‥‥‥‥‥‥‥‥

・総合病院の事業者該当性

・「意思の表明」の要件該当性

・視覚障害のある人に対する「合理的配慮」の具体例

・「合理的配慮義務」と「環境の整備」との関係性


**解説** ‥‥‥‥‥‥‥‥‥‥‥‥‥‥‥‥‥‥‥‥‥‥‥‥‥‥‥‥‥‥‥‥‥

## 1 「合理的配慮提供義務」の要件と内容

### (1) 「行政機関等」か「事業者」か

合理的配慮義務の提供主体である「行政機関等」、「事業者」については、**第1章第1節2**(2)(3)（p.3、4）で記載したとおりです。総合病院が国の行政機関、独立行政法人等及び地方公共団体にあたる場合には、「行政機関等」になり、総合病院が、地方独立行政法人又はその他の事業者にあたる場合には「事業者」になります。いずれにしても、合理的配慮義務を負うことになります。

### (2) 意思の表明要件について

差別解消法上、「合理的配慮提供義務」が発生するためには、障害者から「意思の表明」があることが必要です。意思の表明とは、その状況等から「合理的配慮」を必要としていることが伝えられれば良いとされています（**第1章第1節5**(2)（p.8）参照）。

本件の**設問1**①では、「目が悪いのでどこが会計窓口か教えてほしい」と明確に言葉で伝えているので、「意思の表明」要件を満たすことは明らかです。そのため、受付の職員は、「合理的配慮の提供」をする必要があります（本件で必要な配慮の具体例は(3)で述べます。）

それでは、**設問1**②のように、相談者が白杖を持っていた場合で、目が悪いことは言わずに「どこが会計窓口か教えてほしい」とだけ言っ

た場合はどうでしょうか。

　白杖は、障害者総合支援法5条25項を受けて定められた厚生労働省の告示（補装具の種目、購入等に要する費用の額の算定等に関する基準）において「視覚障害者安全つえ」と記されているものの一般的な呼び名で、視覚障害者であることを周囲に知らせる機能がある杖です。

　白杖を持っていれば、その方が視覚障害者であることを認識することができますので、白杖を持っている方から会計窓口の場所を尋ねられれば、目が悪いと明確に告げられていなくても意思の表明要件を満たすものと判断すべきです。

　したがって、相談者が白杖を持っていた場合で、目が悪いことは言わずに「どこが会計窓口か教えてほしい」とだけ言った場合でも、意思の表明要件は満たします。そのため、受付の職員は、「合理的配慮の提供」をする必要があります。

### (3)　提供すべき「合理的配慮」の内容

　「合理的配慮」は、障害者の権利利益を侵害することとならないよう、障害者が個々の場面において必要としている社会的障壁を除去するための必要かつ合理的な取組である必要があります。

　本件の事例の場合、相談者が直面している社会的障壁は、会計窓口の表示が認識できない位置に置かれてしまっており、また、案内板も黄色の背景色に白文字で案内が書かれていたことから、相談者が認識できないデザインのものになってしまっていることです。

　この社会的障壁を除去するためには、「あちらの方です。」と案内するだけでは不十分です。なぜなら、相談者にとって「あちら」と言われてもどこを指すか分からないため、かかる案内が案内の表示や案内板の代わりになるものとはいえず、上記の社会的障壁を除去するための合理的な取組とはいえないからです。なお、厚生労働省が公表して

いる「医療分野における事業者が講ずべき障害を理由とする差別を解消するための措置に関する対応指針」15頁では、視覚障害者への対応時に配慮すべき事項として、「説明する時には『それ』、『あれ』、『こっち』、『このくらいの』などと指差し表現や指示代名詞で表現せず、『あなたの正面』、『○○くらいの大きさ』などと具体的に説明」という点が指摘されています。

　したがって、本件では、合理的配慮の提供義務を尽くしたとはいえません。

　それでは、受付の方は、どのような対応をとるべきだったのでしょうか。

　例えば、相談者を会計窓口まで連れていくことが考えられます。自身が他の業務でその場を離れることができない場合でも、他の職員を呼んで相談者を会計窓口まで連れていってもらうよう手配することも考えられます。

　また、相談者の見え方にもよりますが、相談者が読める館内図が用意できれば、それを渡して現在地からの行き方を図示する等して説明することも考えられます。

　会計窓口の位置によっては、「ここの三つ左にある窓口です。」等と具体的に説明をすることでも良かったかもしれません。

　いずれの対応が適切かは、相談者と受付の方との建設的対話を通じて、決められることになります。

## 2 「環境の整備」について

### (1) 「合理的配慮」と「環境の整備」

　差別解消法が制定されて以来、色々なところで「合理的配慮」というワードを聞くようになりました。しかし、その全てが「合理的配慮」の問題であるかどうかには注意が必要です。「合理的配慮」と混同し

やすい「環境の整備」についても考えてみましょう（第1章第1節**5**
(5)（p.11）も参照）。

　差別解消法5条では、「行政機関等及び事業者は、社会的障壁の除
去の実施についての必要かつ合理的な配慮を的確に行うため、自ら設
置する施設の構造の改善及び設備の整備、関係職員に対する研修その
他の必要な環境の整備に努めなければならない。」とされており、「環
境の整備」の努力義務について定めています。

　合理的配慮が、個々の場面における障害者個人のニーズに応えるも
のであるのに対して、「環境の整備」は、不特定多数の障害者を対象
として事前的改善措置として行われるものをいいます。

　基本方針では、「合理的配慮」と「環境の整備」の関係について「相談・
紛争事案を事前に防止する観点からは、「合理的配慮の提供」に関す
る相談対応等を契機に、行政機関等及び事業者の内部規則やマニュア
ル等の制度改正等の「環境の整備」を図ることは有効である。」とさ
れており、合理的配慮の提供が「環境の整備」を図るきっかけとなる
ことを示しています。また、「環境の整備は、障害者との関係が長期
にわたる場合においても、その都度の合理的配慮の提供が不要となる
という点で、中・長期的なコストの削減・効率化にも資することとな
る。」ともされており、「環境の整備」を図ることが中・長期的なコス
トの削減・効率化につながることが示されています。

　そうすると、本件では、病院からは「合理的配慮」という言葉遣い
がされていますが、不特定多数の障害者を対象として事前的改善措置
としてどのような措置をとればよいのか、という相談ですので、「合
理的配慮」に関する相談ではなく、「環境の整備」の進め方に関する
相談だと整理できます。

### ⑵　本件の病院が行いうる「環境の整備」

　では、病院はどのように応えるといいでしょうか。

　まず、病院の館内表示の問題点を検討すると、例えば、本件で、病院に設置された案内板が黄色の背景色に白文字で案内が書かれていたことが問題とされています。このようなデザインは、カラーユニバーサルデザイン（多様な色覚に配慮して、情報がなるべく全ての人に正確に伝わるように、利用者の視点に立ってデザインすること）とはいえません。背景と文字にははっきりとしたコントラストを付けないと読みづらく、例えば白内障の方は黄色と白は混同しやすいことから、黄色の背景色に白文字は読みづらいものとなってしまいます。

　そこで、病院に対して、「環境の整備」として、カラーユニバーサルデザインを意識した案内板の設置をすることを提案することが考えられます。なお、各自治体が、インターネット上でカラーユニバーサルデザインガイドラインを公表しており、参考になります。

　そのほか、点字と拡大文字の付いたプレートを設置して窓口の表示をすることや、音声案内を設置することも提案することが考えられます。

　いずれの措置を取るにしても、「環境の整備」を進めるにあたっては、障害者や障害者団体の意見を聞き、反映させていくことが重要である点も、併せて指摘するべきです。

発達障害を申告したところ上司から
異動を打診されたケース

**事例**

　私は、半年前に、ホテルのフロントスタッフとして入社しました。しかし、上司によって指示の内容が違ったり、上司から口頭で一度に色々な指示をされるので、その指示を覚えられなかったりして、何度もミスをしてしまいました。友人にそのことを相談したら、発達障害ではないかと指摘されたため、病院に行ってみたところ、発達障害との診断を受けました。

　私は、上司に、発達障害と診断されたことを話し、指示を出してもらうときの方法などについて相談したいと伝えました。その後、上司から、清掃の仕事の方が合っているのではないかと言われ、異動を打診されました。しかし、これまでフロントから清掃へ異動した例はなく、私は、ホテルのフロントで働くことに憧れてホテルに就職したので、清掃の仕事には異動したくありません。

**設問**

1　相談者をフロントから清掃へ配置転換することにはどのような問題があるでしょうか。

2　相談者に対して、どのような対応をすべきだったでしょうか。

**【論点】**
・雇用分野の障害者差別の考え方（雇用促進法について）
・障害特性を理由とする配置転換の雇用促進法における「不当な差別的取扱い」該当性
・発達障害のある人に対する「合理的配慮」の具体例
・「過重な負担」の該当性

**解説** ······························································

## 1 フロントから清掃へ配置転換することにどのような問題があるのか

### (1) 雇用分野の障害者差別の考え方

今回のケースは、雇用分野における差別が問題となるので、参照すべき法律は、雇用促進法です。

発達障害と診断された相談者は、雇用促進法上の「障害者」に該当します（第1章第3節1（p.20）参照）。

相談者は、配置転換の打診を受けていますから、「募集・採用時」ではなく、「募集・採用時以外」（35条）の場面にあたります（第1章第3節（p.19）参照）。

一定の職務への配置にあたって、障害者であることを理由として、その対象から障害者を排除することは、障害者であることを理由とする差別に該当します（差別禁止指針）。ただし、「合理的配慮を提供し、労働能力等を適正に評価した結果として障害者でない者と異なる取扱いをすること」については、「障害者であることを理由とする差別」に該当しません（差別禁止指針）。

### (2) 差別的取扱い該当性

発達障害は、その障害特性として、物事を順序立てて取り組むことが苦手で、「不注意さ」が目立ってしまうことが多くあります。相談者は、障害特性のためミスを繰り返してしまい、発達障害と診断されたことを告げたところ、配置転換を打診されるに至りました。相談者以外に、フロントから清掃へ異動した例はありません。

相談者に対する配置転換は、相談者の障害特性を理由として相談者をその対象から排除しているといえ、「障害者であることを理由とする差別的取扱い」に該当します。

## **2** 相談者に対してどのような対応をすべきだったか

### ⑴ 「不当な差別的取扱い」該当性

差別禁止指針では、「合理的配慮を提供し、労働能力等を適正に評価した結果として障害者と異なる取扱いをすること」は「不当な」差別的取扱いには該当しないとしています。

そもそも本件では、相談者に対して合理的配慮のないまま異動の打診がされており、相談者に対して考えられる「合理的配慮」が「過重な負担」にあたらないとすれば、「不当な差別的取扱い」に該当するといえます。

なお、この事例では、本人から「合理的配慮」の申出がありましたが、雇用促進法を受けて定められた合理的配慮指針では、採用後の「合理的配慮の提供」にあたって、本人からの申出は要件となっていない（本人からの申出がなくても「合理的配慮の提供」が必要）ことに注意が必要です（第1章第3節**2**（p.20）参照）。

雇用促進法では、「募集・採用時」以外の場面の「合理的配慮」について、「障害者である労働者の有する能力の有効な発揮の支障となっている事情を改善するため、その雇用する障害者である労働者の障害の特性に配慮した職務の円滑な遂行に必要な施設の整備、援助を行う者の配置その他の必要な措置を講じなければならない」としています（36条の3）。

合理的配慮指針では、障害区分や場面に分けて多くの事業主が対応できると考えられる措置の例が挙げられており、発達障害について、採用後の「合理的配慮」の例として、「業務指示や相談に関し、担当者を定めること」、「業務指示やスケジュールを明確にし、指示を一つずつ出し、作業手順について図等を活用したマニュアルを作成する」などが挙げられています。

　相談者は、上司によって指示の内容が違ったり、上司から口頭で一度に色々な指示をされるので、その指示を覚えられなかったりして、何度もミスをしてしまいましたと話していました。そこで、「合理的配慮」の内容としては、相談者の指導担当を1名にする、相談者への指示はホワイトボードに書くなどが考えられます。

(2)　「過重な負担」の該当性

　「合理的配慮」の提供義務については、事業主に対して「過重な負担」を及ぼすことになるときはこの限りではないと定められています（雇用促進法36条の3ただし書）。すなわち、相談者に対する「合理的配慮」が「過重な負担」に該当するような場合には、「不当な差別的取扱い」ではないということもあり得ます。

　会社としては、相談者が働きやすいようにと考え、よかれと思って清掃への異動を打診している面もあるかもしれません。本人の特性からこのような部署が合うのではないかと打診するという対応が、「合理的配慮の提供」の一つと考えられる場合もあるでしょう。しかし、「合理的配慮の提供」にあたっては、事業主は、障害者の意向を十分に尊重しなければなりません（雇用促進法36条の4第1項）。本件では、相談者は、フロントでの業務を希望しており、清掃業務に従事することは希望していないのですから、会社としては、そのような相談者の希望を尊重した上で、どのような配慮がよいのかを会社と相談者との間で話し合い、試行錯誤を繰り返すことが重要でしょう。

　そこで、相談者に「合理的配慮」を提供しながらフロント業務として雇用し続けることは、会社にとって「過重な負担」にあたるかを検討する必要があります。これは、ホテルがどのくらいの規模か、フロントスタッフの人数はどれくらいか、相談者に対する「合理的配慮」がどのくらいの負担の大きいものであるかなどを考慮する必要があります。相談者の指導担当を1名にする、相談者への指示はホワイトボー

ドに書くなどの対応は、すでにある人材や容易に準備可能な資源の中で対応が可能であり、その負担の大きさなどから過重な負担とはいえない場合が多いでしょう。また、障害者の就労支援を行うジョブコーチ制度が公的に整備されてきていますので、利用することも考えられます（「職場適応援助者（ジョブコーチ）支援事業について」（厚生労働省ホームページ））[1]。

### (3) 配置転換命令が出た場合

では、会社が一方的に相談者に清掃への配置転換命令を出した場合にはどうなるでしょうか。

就業規則や雇用契約書などに、「会社は、業務の必要に応じ、従業員に対して職種や勤務地の変更を命じることができる。」等の規定を設けている場合、その規定を根拠として、会社は従業員に対して、配置転換を命ずることができ、従業員は、原則として、それを拒否することはできません。ただし、配置転換命令が、業務上の必要性や労働者の不利益などを考慮して権利濫用と認められる場合には、その配置転換命令が無効となり、従業員は拒否することができます。

配置転換命令が「不当な差別的取扱い」にあたる、すなわち、会社が「合理的配慮」を尽くすことなく障害を理由として配置転換命令を出した場合、配置転換命令が権利濫用として、無効となる可能性があります。

視覚障害のある短大の准教授が、「障害を理由に授業の担当から外されたのは障害者差別だ」として、学校法人を訴えていた裁判では、職務変更命令が無効だと判断された例（広島高裁岡山支部平成30年3月29日判決（労働判例1185号27頁））があります。この裁判例においては、短大が、その准教授が「准教授に本来要求される水準の能力を有していない」などと指摘した点について、この准教授が実施している授業内容の改善や、補佐員による視覚補助により解決すること

が可能かなどを考慮した上で、判断がなされました。

　もっとも、配置転換命令の違法性については、法的に複雑な問題で
あるため、弁護士に法的助言を求めることも検討しましょう。また、
労働基準監督署でも相談や個別労働紛争解決制度（あっせん等）の手
続きをとることもできますので、これを利用することも考えられます。

---

注

1　「職場適応援助者（ジョブコーチ）支援事業について」（厚生労働省ホーム
　ページ）
　https://www.mhlw.go.jp/stf/seisakunitsuite/bunya/koyou_roudou/koyou/
　shougaishakoyou/06a.html

# **7** 視覚障害のある人が職場で画面読み上げソフトの導入を拒否されたケース

### 事例

　私は、X社の従業員です。この会社に就職して20年程になりますが、網膜に異常が見つかり、中心視力が無くなり視覚障害者となりました。色々と悩みましたが、職場の仲間の理解もあって、働き続けることができることになりました。

　ただ、視覚障害を補うため、いつも自分で使用していたPCにスクリーンリーダーソフトをインストールする必要がありました。そこで、会社に申し出たところ、「ソフトをインストールした場合に、会社全体のシステムに及ぼす影響が判断できず、安全性が不明であるため、インストールは認められない」と言われてしまいました。会社に対しては、安全性は会社で確認してほしい旨を申し入れましたが、会社からは、安全性は自分で確認して報告するように求められました。

### 設問

　X社のスクリーンリーダーを認めないという対応にはどのような問題があり、どのような対応をすべきだったでしょうか。

## 【論点】................................................................

・雇用分野の障害者差別の考え方（雇用促進法について）

・「必要な措置」の該当性

・「過重な負担」の該当性

**解説** ....................................................................................................

> **X社の対応にはどのような問題点がありどのように対応すべきだったか**

### (1) 視覚障害者がPCを使用する場合に必要なソフトウェア

　この事例の相談者は、視覚障害者です。視覚障害者がPCを使用する場合には、自分が使用するPCにスクリーンリーダーと呼ばれるソフトウェアをインストールします。これにより、PCの音源を用いてテキストファイルやワードファイル等で作成された文章を読み上げたり、自ら作成したりすることができます。また、エクセルで作成された表を読み上げることで、内容を把握することもできます。つまり、スクリーンリーダーは、障害のない人が視覚から得る情報を、音声によって得るためのツールなのです。このスクリーンリーダーにはいくつか種類がありますが、いずれにしても視覚障害者がPCを操作して作業を行うためには、必要不可欠なものといえます。

### (2) 適用法令の検討

　ところで、この事例を検討する場合には、相談者がX社と雇用契約を結んでいるという点に注目する必要があります。障害者が雇用される場面においては、雇用促進法が適用されます（**第1章第3節**（p.19）**参照**）。

　この事例における相談者のX社に対する要求を検討するにあたっては、相談者がX社と雇用契約を結んでいることから、「募集・採用時以外」の場面が問題となっています。

　また、この事例では、相談者に対して、外形的もしくは形式的には異なる取扱いが行われているわけではありませんが、スクリーンリーダーソフトをインストールしたいと申し出ているにもかかわらず、それを認めていないことによって、実質的には不平等な取扱いになって

いるため、「合理的配慮の不提供」にあたるかが問題となります。

　したがって、雇用促進法36条の3に基づいて検討する必要があります。

⑶　「必要な措置」の該当性

　この事例の相談者の障害特性は視覚障害です。したがって、相談者がX社で業務を遂行するためには、自ら使用するPCに、前述したスクリーンリーダーをインストールする必要があります。相談者のX社に対する要求は、この必要性に基づくものです。この点、雇用促進法36条の3では、事業主は「障害者である労働者の有する能力の有効な発揮の支障となつている事情を改善するため、その雇用する障害者である労働者の障害の特性に配慮した職務の円滑な遂行に…必要な措置を講じなければならない。」と定めています。したがって、事業主であるX社は、相談者の要求を、相談者の「障害の特性に配慮した職務の円滑な遂行」のための「必要な措置」として検討する必要があります。

　なお、この事例では、相談者からX社に対してスクリーンリーダーをインストールすることを「申し出」ていますが、事業主が既に雇用している障害者に対して「必要な措置」を講じる場面では、障害者からの「申出」は必要とされていません（第1章第3節**2**（p.20）参照）。

⑷　「過重な負担」の該当性

　　ア　このような相談者の「必要な措置」に関する要求に対して、X社は、相談者がインストールを求めているスクリーンリーダーソフトが会社全体のシステムに及ぼす影響が不明であること、すなわち、会社全体のシステムの「安全性」を理由として、この相談者の要求を拒否しています。雇用促進法36条の3ただし書では、事業主が講じる「必要な措置」が、「事業主に対して過重な負担を及ぼすこととなるときは、この限りでない。」と定めています。そこで、この事例に

おけるＸ社の主張が、「過重な負担」に該当するか否かを検討する必要があります。

　イ　「過重な負担」の判断については、「過重な負担」に該当するか否かについては、合理的配慮指針に定められた考慮要素を総合的に勘案しながら判断する必要があります（**第１章第３節３**(3)(p.22)参照）。

　この事例で主として問題となるのは、①事務・事業への影響の程度、②実現可能性の程度の要素といえます。

　ウ　ただ、これらの要素を検討する前提として、そもそもＸ社が主張するシステムの「安全性」というような抽象的な事情が「過重な負担」を判断するための事情として適切といえるのかについて検討する必要があります。この点を考えるにあたっては、このような「安全性」という抽象的な事情が、具体的な事情により基礎付けられているかどうかを検討しなければなりません。この事例では、例えば、「○○というソフトをインストールすると、既に会社が導入している××というソフトの△△という機能の動作に不具合が生じる」という理由で「安全性」に問題があると主張しているのか、このような具体的な理由は未確認であり、漠然とした危険感から「安全性」に問題があると主張しているのかを確認する必要があります。この事例では、Ｘ社は、「ソフトをインストールした場合に、会社全体のシステムに及ぼす影響が判断でき」ないという理由に基づき、「安全性が不明である」として相談者からの要求を拒否しています。したがって、このＸ社の主張は具体的事情によって基礎付けられているということはできないため、そもそも「過重な負担」を判断する事情としては抽象的にすぎず、不十分であるといえるでしょう。そこで、このような相談を受けた場合に、相談者とＸ社の間の調整を図る場合には、Ｘ社に対して、「安全性」に問題を生じる具体的事情を聴取して確認する必要があります。

　エ　また、この事例において、相談者がインストールを求めてい

るスクリーンリーダーソフトの「安全性」を基礎付ける具体的事情を、誰が確認するのかという点についても検討する必要があります。

　事業者が「過重な負担」にあたると判断した場合には、事業者が、障害者にその理由について根拠を示して説明する必要があります（**第3章5　合理的配慮指針**（p.233）参照）。したがって、当該ソフトをインストールすることにより、会社全体のシステムに危険性があるということをＸ社が示すことができない限り、Ｘ社はソフトの導入を認めなければなりません。障害者の側で、当該ソフトをインストールすることが過重な負担でないということを説明する必要があるわけではありません。

　さらに、この事例のような場合には、障害者が当該ソフトの安全性について知識を持っていることはまれであるため、専門的な知識を持つ開発会社に対して、事業主が確認を行うという役割分担を行うことが適切であるという実質的な理由もあるでしょう。

　したがって、障害者である相談者は、当該ソフトの開発会社、製品案内、仕様書等の資料をＸ社に提供し、当該ソフトの一般的な説明を行えば十分であるといえるでしょう。一方、事業主であるＸ社は、これら提供された情報に基づき、当該ソフトの開発会社に対して当該ソフトの性能や他のソフト・システムに及ぼす影響を確認すること、Ｘ社が導入しているシステムを開発した会社に対して、当該ソフトがシステムに及ぼす影響を確認すること等が求められると考えるのが適切です。

　　オ　なお、合理的配慮指針においては、その「第4　合理的配慮の内容」の別表には、「多くの事業主が対応できると考えられる措置の例」が障害種別ごとに掲載されています（**第1章第3節3**(3)、**第3章5**（p.22、233）参照）。その視覚障害に関する事例として、「拡大文字、音声ソフト等の活用により業務が遂行できるようにすること」という事例が掲載されています。

⑸　まとめ

　以上のような検討に基づけば、X社が「安全性」に問題が生じる具体的事情を確認することなく、相談者の要求を拒否することは、「過重な負担」が存在しないにも関わらず「必要な措置」を拒否したものとして、雇用促進法36条の3に違反するといえます。相談者とX社の間の調整を図る場合には、この点をX社に説明した上で、X社に理解を求めることが重要となります。

> **Column 3**
>
> ## 一般的意見第8号
>
> 　この事例を考えるに際して参考になるのは、障害者の権利に関する条約35条1項に基づき設置されている障害者の権利に関する委員会が公表している一般的意見です。この一般的意見は、障害者の権利に関する委員会が障害者の権利に関する条約の特定の条項に関する解釈指針を示した者であり、締約国が障害者の権利に関する条約を国内において実施する上で重要な指針となるものです。
>
> 　障害者の権利に関する条約では、その27条で「労働及び雇用」について定めていますが、この27条に関する一般的意見が2022年10月に公表されました。この一般的意見を見ると、その22項において、「合理的配慮」の拒否の一例として、「視覚障害のある公共部門の従業員が、割り当てられた仕事を遂行するための適切な機器（コンピューター画面上の文字を拡大するコンピュータープログラムなど）を提供されていない場合」が挙げられています。
>
> 　このように、相談事例を検討するに際しては、障害者の権利に関する条約や、その解釈指針を定めた一般的意見を参照すると、国際的な視点からの解決策を見いだすことができる場合もありますので、ぜひ、参照してみてください。

車いすを利用するようになった学生が
昇降機の設置を拒否されたケース

### 事例

　私は、ある分野で専門性を身に付けるため、民間のX専門学校に入学しました。私は、X専門学校に入学後、交通事故で、車いすユーザーになりました。X専門学校は、Y不動産が所有する建物の2階の部屋を借りていました。その建物には、エレベーターはなく、建物の構造上、エレベーターの設置はできません。

　そこで、階段に昇降機を付けてもらえるよう、X専門学校に申し入れました。ところが、X専門学校からは、「当専門学校は部屋を借りているだけで、建物の所有者はY不動産です。したがって、Y不動産に申し入れてください。」との回答がありました。Y不動産に申し入れたところ、昇降機の設置は認められないとの回答でした。

### 設問

　X専門学校、Y不動産が昇降機の設置を認めないとの対応には、どのような問題があるでしょうか。

【論点】
・X専門学校に加えて、Y不動産は、「合理的配慮義務」を負う主体となるか
・「過重な負担」の該当性

### 解説

### 1 昇降機の設置は、X専門学校にとって「過重な負担」に該当するか

　この事例では、相談者に対して、外形的もしくは形式的には異なる

取扱いが行われているわけではありませんが、昇降機の設置をしてほしいと申し出ているにもかかわらず、X専門学校とY不動産が、それを認めていないことによって、実質的には不平等な取扱いになっているため、「合理的配慮の不提供」にあたるかが問題となります。

　この事例で、相談者が昇降機の設置を求めたのは、X専門学校です。そこで、まず、X専門学校が相談者に対して「合理的配慮の提供」としての昇降機の設置を行う必要があるのかについて検討します。

　X専門学校は「事業者」に該当します。そして、X専門学校は、その専門分野の授業を提供するという「事業を行うにあたり」、その生徒である相談者から通学に際して「社会的障壁」となっている階段の「除去を必要としている旨の意思の表明」を受けています。したがって、原則として「必要かつ合理的な配慮」として、この段差に対して昇降機を設置することが求められることになります。

　その上で、昇降機の設置が、基本方針で挙げられている考慮要素を総合的に判断して、X専門学校にとって「過重な負担」に該当するか否かを検討する必要があります（**第1章第1節5**(3)（p.9）参照）。

　この事例でまず問題となるのは、実現可能性の程度の要素です。建物の1階から2階への階段は、2階の部屋を借りているX専門学校だけの判断では昇降機を設置することはできません。昇降機の設置には、建物所有者であるY不動産の了承が必要となります。ただ、このように、昇降機の設置がX専門学校の判断だけではなく、Y不動産の了承を得る必要があることの一事をもって、X専門学校だけでは実現できないという意味で実現可能性を否定することにはなりません。X専門学校としては、Y不動産に対して、1階から2階への階段に昇降機を設置することについての了承を得るよう交渉を行う姿勢が求められることになります。このように「過重な負担」に該当するか否かの判断は、事業者が「合理的配慮の提供」について、可能な方策に関する検

討を尽くした先にある、ということに留意する必要があります。

## 2　Y不動産は「合理的配慮義務」を負う主体となるか

　相談者は、Y不動産に対しても昇降機の設置を求めています。そこで、Y不動産が相談者に対して「合理的配慮の提供」としての昇降機の設置を行う必要があるのかについて検討します。

　Y不動産も、「事業者」に該当することは、X専門学校と同様です。そして、Y不動産は建物の賃貸業を行っているわけですから、この賃貸業という「事業を行うにあたり」、その建物の利用者である相談者から1階から2階への階段という「社会的障壁の除去を必要としている旨の意思の表明」を受けた場合には、相談者に対して「必要かつ合理的な配慮」を提供する義務を負います。

　これについて、Y不動産は、相談者を専門学校の生徒として受け入れているのは、X専門学校なのだから、Y不動産は「合理的配慮の提供義務」を負わないという主張をすることが考えられます。しかし、そもそもY不動産は、X専門学校という色々な人が出入りする借主に貸している以上、その利用者の中に障害者がいることを想定しておくべきです。したがって、Y不動産は、X専門学校の利用者に対しても「合理的配慮義務」を負います。

## 3　昇降機の設置は、「過重の負担」に該当するか

　昇降機設置は、賃貸業というY不動産の事業から見れば、建物利用者に対するアクセシビリティを確保するという点で事業に付随するものであり、X専門学校にとっても学校の運営を妨げることはなく、事業の目的を損なうものではなく、事業への影響の程度の観点からは問題ないでしょう。また、設置する昇降機についても、建物の構造に変更を加えることなく設置することが可能になりますので、実現可能性

の面でも大きな問題は生じないでしょう。

　昇降機の設置費用や、X専門学校・Y不動産の事業規模や財務状況にもよりますが、昇降機の設置費用については自治体から助成を受けられる可能性もあるため、具体的な検討なしに「過重な負担」に該当すると判断することは許されないでしょう。

## 4　X専門学校とY不動産の間の調整について

　この事例では、相談者に対して「合理的配慮」を提供するにあたっては、X専門学校とY不動産の双方との間での調整が必要となります。そこで、このような事例の相談を受けた場合には、X専門学校、Y不動産の双方に連絡を取り、調整を図る「場」を確保していくことが重要となります。障害者個人がそのような場を設けようとしても難しいことが多いため、行政の相談員や相談を受けた法律家が間に入ることが有益です。民間同士の紛争に行政が加入してそのような場を設けることは、公正中立を害することにはならず、むしろ、差別解消法14条から行政にはそのような姿勢が求められているといえます。

　また、昇降機の設置する方向で調整が進められる場合、昇降機の設置費用あるいは将来の撤去費用等を調整していく必要が生じる可能性もあります。この費用負担に関する調整は、X専門学校とY不動産の間で締結されている賃貸借契約の内容も検討する必要がありますので、弁護士に協力を依頼する等、関係者と連携しながら調整を図ることが大切になるでしょう。

## 差別の類型の判断
### ～「不当な差別的取扱い」か、「合理的配慮の不提供」か？～

　ところで、このような相談を受けた場合、これが「不当な差別的取扱い」を受けている事例なのか、「合理的な配慮」を求めている事例なのかが議論されます。これは、差別解消法が、その７条及び８条において、それぞれ１項で「不当な差別的取扱い」を禁止し、２項で「必要かつ合理的な配慮」の提供を定めていることに起因します。しかし、障害者の権利に関する条約２条では、「障害に基づく差別には、あらゆる形態の差別（合理的配慮の否定を含む。）を含む。」（外務省公定訳）と定められています。また、障害者の権利に関する条約34条１項に基づき設置されている障害者の権利に関する委員会が公表している障害者の権利に関する条約５条（平等及び無差別）に関する一般的意見６号（General comment No. 6）の18項では、国際的な人権慣行上、差別の主な形態として直接差別（Direct discrimination）、間接差別（Indirect discrimination）、合理的配慮の否定（Denial of reasonable accommodation）、ハラスメント（Harassment）の四つの形態が指摘されています。したがって、国際的な差別の理解からすれば「不当な差別的取扱い」を受けている事例なのか、「合理的な配慮」を求めている事例なのかを議論する必要はなく、全て差別の形態として捉えればよいことになります。日本においても、障害者基本法４条２項が「法文上、社会的障壁の除去の実施に関する「必要かつ合理的な配慮」を行わないことが、一定の条件の下で「障害を理由とする差別」にあたる旨が明確に規定」されていますし（障害を理由とする差別の解消の推進に関する法律Q&A集（平成25年６月　内閣府障害者施策担当）問10－６）、差別解消法においても、「社会的障壁の除去の実施に関する「必要かつ合理的な配慮」を行わないことによって障害者への権利利益侵害をもたらす場合には、障害を理由とす

る差別にあたる」ことが明確に示されています（障害を理由とする差別の解消の推進に関する法律Q&A集（平成25年6月 内閣府障害者施策担当）問10－6）。ただ、前述のとおり、差別解消法では、「不当な差別的取扱い」と「合理的な配慮」が項を分けて規定され、前者の場合であれば、「正当な理由」の存否を検討する必要がありますし、後者の場合であれば「過重な負担」の存否を検討する必要がありますので、検討を進める上では、相談事例がいずれの事例であるかを決める必要があります。

施設利用 労 働

## 9 車いすを利用している公務員が職場で配慮を得られなかったケース

### 事例

　私には身体障害があり、普段は車いすを利用しています。大学卒業後、一般職の地方公務員試験（障害者雇用枠）を受験して合格し、X市役所で働いています。職場では、これまで車いすでも使える広い机を準備してもらい、席から移動するための通路も広く確保してもらうなどの配慮を受けてきました。

　ところが、6か月前に異動で別の部署に移ったところ、その部署では、周囲の同僚が、車いすが通るためには広い通路が必要だということを認識してくれていなかったため、私が来る前と同じように通路に物があふれており、車いすでの移動が難しい状況でした。通路の物を別の場所に置くように言いたかったのですが、なかなか自分から言い出すことができず、ストレスが溜まり、不眠の症状に悩まされ、ついにうつ病と診断され休職することになりました。

　現在、症状がよくなってきたので、復職を希望しています。復職の希望を伝えたところ、人事課から、「復職後は、地下にある会議室で書類作成の仕事をしてもらおうと思っている。会議室は広いし、エレベーターがあるのでアクセスもしやすい。他の人がいるとストレスになるだろうから、一人で働くことが適切だと考えて、配慮した。」と言われています。しかし、地下の会議室は、会議の際に使われている部屋で、これまで地下の会議室で仕事をしていた人はいません。私としては、一人きりで地下で働くことに不安があり、「人事課は合理的配慮をしてくれていないのでは。」と感じています。

**設問**

1　公務員である相談者について、雇用促進法の適用があるでしょうか。

2　X市による6か月前の異動で、異動先の同僚の理解が得られず勤務に支障が生じたことが障害者差別にあたるでしょうか。X市は、どのような対応をすべきだったでしょうか。

3　雇用促進法の適用は、採用時に障害がある場合と、働き始めた後に障害を有するようになった場合とでは違いはあるでしょうか。

4　復職にあたり、X市が、相談者に対し、地下の会議室での業務を提案したことは、障害者差別にあたるでしょうか。X市は、どのような対応をすべきだったでしょうか。

**【論点】**

・国や地方公共団体の「事業主」の該当性

・採用後に障害が判明した場合の適用の可否

・「不当な差別的取扱い」か「合理的配慮の不提供」か

・「合理的配慮」の内容

・「過重な負担」の該当性

**解説**

### 1　公務員への雇用促進法の適用の可否（X市は、雇用促進法の「事業主」に該当するか）

（1）　雇用促進法5条は、事業者の理解・協力の責務を定めており、この「事業主」には、国や地方公共団体も含まれると考えられています。また、同法は、「国及び地方公共団体は、自ら率先して障害者を

雇用する」こととあわせて、障害者の雇用促進や職業安定を図るために必要な施策を総合的かつ効果的に推進する努力義務を規定しており（6条）、国や地方公共団体は、社会において障害者雇用の促進のリーダーシップをとるべき立場にあります。

　民間事業者が、障害者雇用を図りノーマライゼーションを推進するためにも、国や地方公共団体が率先して、自ら障害者を採用し、かつ、必要な施策を講ずることが必要です。

　(2)　もっとも、公務員の場合、雇用促進法の適用について、複数の除外規定があります。

　企業等の事業者と契約（申込みと承諾によって成立）に基づく「雇用」関係にある労働者とは異なり、国家公務員は国から、地方公務員は地方公共団体から「採用・任命」されている立場であり[1]、公務員の勤務条件等は、法律で定められています。そのため、公務員については独自の法体系が存在することから、基本的にはそれぞれの法制度の中で対応が図られることとされており、雇用促進法の複数の規定が適用除外となっています[2]。

　もっとも、国や地方公共団体が、民間事業者の場合と同様に、障害者に対する「不当な差別的取扱い」の禁止及び「合理的配慮の提供」の義務を負っている点では違いがありません。

　「不当な差別的取扱い」の禁止については、国家公務員法第27条及び地方公務員法第13条（平等取扱いの原則）に基づき対応が図られます。

　また、職場環境等を改善するための「合理的配慮の提供」については、国家公務員は国家公務員法71条（能率の根本基準）等や人事院規則等に基づき対応が図られます。地方公務員法には「合理的配慮の提供」を直接担保する法律がないため、雇用促進法の規定（雇用促進法36条の2〜5）が地方公務員にも直接適用されます（雇用促進法85条の3）[3]。

| 雇用促進法 | 国家公務員 | 地方公務員（一般職） |
|---|---|---|
| 34条<br>（募集・採用時の均等機会提供） | 平等取扱い規定（国家公務員法27条）があるため、適用されない。 | 平等取扱い規定（地方公務員法13条）があるため、適用されない。 |
| 35条<br>（賃金・研修訓練実施・福利厚生施設利用その他待遇における差別禁止） | 平等取扱い規定（国家公務員法27条）があるため、適用されない。 | 平等取扱い規定（地方公務員法13条）があるため、適用されない。 |
| 36条<br>（差別禁止指針策定） | 適用されないが、「公務部門における障害者雇用マニュアル」[4]等様々な資料が整備されている。 | 適用されないが、「障害者活躍推進計画の作成手引き」等[5]様々な資料が整備されている。 |
| 36条の2から4<br>（合理的配慮措置） | 国家公務員法71条2項・人事院規則10−4が適用される。 | 適用される。 |
| 36条の5<br>（合理的配慮指針） | 適用されないが、「合理的配慮指針」[6]が整備されている。 | 適用される。公的機関における障害者への合理的配慮事例集（地方公共団体等）も公開されている。 |

## 2 6か月前の人事異動で、異動先の同僚の理解が得られず勤務に支障が生じたことが障害者差別にあたるか

(1) 相談者は、人事異動先の部署で、周囲から障害に対する十分な理解が得られず、働きにくい状況になっています。このことは「差別」にあたるでしょうか。

まず、人事異動自体が、「差別」にあたるでしょうか。

公務員の場合、障害のあるなしにかかわらず定期的な人事異動が予定されていますので、定期的な人事異動があること自体は、「差別」とはいえないでしょう。

しかし、明らかに相談者の障害特性に適合しない環境の部署にあえて異動させたといえるような場合には、異動自体が障害を理由とする「不当な差別的取扱い」に該当する可能性もあります。

(2) 異動自体が「不当な差別的取扱い」といえない場合でも、新た

な職場環境へ異動させる場合には、雇用促進法36条の3などが求める「合理的配慮」を提供することが事業者には求められます。

　通路に物があふれていて車いすでの移動が難しい状況になっていることは、相談者がこの職場で仕事をする上で能力を発揮することの支障となっていますので、事業者としては、設備の整備等を行う必要があり、このような対応がなされないことは「合理的配慮」の提供義務違反として障害者差別に該当します。

　本件では、具体的には、備品や設備の配置を見直したり、物品を整理することで、車いすの動線が確保できるようにすることが求められます。

　事業者にとって「合理的配慮」の提供が「過重な負担」となる場合には、「合理的配慮」の提供義務はありませんが、部屋の構造や置かれた物品の内容、量等から、通路に物があふれるような配置にしなければならない特段の事情が確認できない限り、「物を片付ける」ということが「過重な負担」に該当する場合は極めて考えにくいでしょう。

　なお、相談者は、自分から物理的支障について改善を申し出ることができませんでした。同僚からしても「困っていることを知らなかった。言ってくれれば物をどかしたのに。」と言いたくなるかもしれません。

　職場において困っていることを言い出せないことや、それに気付かないということは往々にしてあることです。このようなこともあり、採用後の「合理的配慮の提供」は、事業主の義務であり、障害者からの申出の有無にかかわらず提供する必要があるとされています（雇用促進法36条の3、**第1章第3節2**（p.20）参照）。合理的配慮指針においても、「障害の状態や職場の状況が変化することもあるため、事業主は、必要に応じて定期的に職場において支障となっている事情の有無を確認すること。」とされています。

　X市としては、異動前や異動後に、相談者に対して、困っているこ

とがないかを丁寧に確認することが求められます。

## 3 採用後に障害が発生・判明した場合の雇用促進法等の適用の可否

　相談者の身体障害は採用時に既にあったものですが、うつ病と診断されたのは採用後のことです。このように採用後に障害が発生・判明した場合、事業者（国や地方公共団体を含む。）のとるべき対応は変わってくるでしょうか。

　この点、雇用促進法は、採用の時点での差別的取扱いの禁止や「合理的配慮の提供」を規定していますが、「障害枠」での採用か否かで取扱いを異にする規定はありません。雇用促進法は、障害のある人に対して、働くに際しての様々な措置を総合的に講じ、ひいては、障害のある人の職業の安定を図ることを目的にした法律です（雇用促進法１条）。法の目的は、障害者枠での雇用か否かで線引きをしておらず、どのような雇用形態であっても、趣旨が同じく当てはまります。そのため、採用後に障害が判明した場合にも、当然に雇用促進法が適用されるものといえます。

　このことは公務員の場合も同じです。国家公務員法や地方公務員法の平等取扱いの原則を定めた規定も、障害が判明した時点が採用前か後かで取扱いを区別していません。そのため、最初から障害枠で公務員試験を受験して合格した場合と、公務員として働き始めた後に障害を有するようになった場合とで、国や地方公共団体がとるべき対応に違いはありません。

## 4 X市の提案した復職後の異動や環境調整が障害者差別にあたるか

　相談者がうつ病が改善し復職を希望したことに対して、X市の人事

課は、「復職後は、地下にある会議室で書類作成の仕事をしてもらおうと思っている。会議室は広いし、エレベーターがあるのでアクセスもしやすい。他の人がいるとストレスになるだろうから、一人で働くことが適切だと考えて、配慮した。」という提案をしています。このことには問題はないでしょうか。

　**2**⑴で述べたとおり、明らかに相談者の障害特性に適合しない環境の部署にあえて異動させたといえるような場合には、異動自体が障害を理由とする「不当な差別的取扱い」に該当する可能性もあります。

　本件では、身体障害のある相談者に適合しない職場とは評価できないので、提案自体が「不当な差別的取扱い」に該当するとはいえないでしょう。

　では、X市の提案は、相談者に対する「合理的配慮の提供」として適切でしょうか。

　まず、車いすを利用している相談者にとって、今まで働いたことのない部署で一人きりで働くというのは、様々な支障が生じることが容易に想定されます。相談者の強い要望に基づく場合などでない限り、障害特性に応じた適切な配慮とはいえません。

　また、相談者のみを一人で働かせるというのは、「人間関係からの切り離し」に該当する可能性がありますし、「配慮」と称して仕事を与えない場合には「過小な要求」に該当する可能性もあります。そのため、「パワーハラスメント」にあたる可能性もあり、適切ではありません。

　本件で最も問題となるのは、復職にあたって事業者側が一方的に「配慮」を検討しているという点です。このような事業者側からの一方的な「配慮」は、労働環境の調整においてしばし見られる問題です。「合理的配慮」は建設的対話によって検討するものであり、一方的な思い込みによる「配慮」は「合理的配慮」ではありません。雇用促進法

36条の４も、合理的配慮措置を講ずる際には、「障害者の意向を十分に尊重しなければならない。」としています（同法36条の４・１項）。

　このように、Ｘ市からの提案は「合理的配慮」の提供義務に反し、障害者差別に該当します。Ｘ市としては、相談者と十分な対話をした上で、復職後の環境整備を行う必要があります。

**注**

1　公務員は、「全体の奉仕者」として国民全員の利益のために奉仕することとされています（憲法15条２項、国家公務員法96条１項、地方公務員法30条）。

2　障害者雇用促進法85条の３は、「第三十四条から第三十六条まで、第三十六条の六及び前章の規定は、国家公務員及び地方公務員に、第三十六条の二から第三十六条の五までの規定は、一般職の国家公務員、裁判所職員臨時措置法の適用を受ける裁判所職員、国会職員法の適用を受ける国会職員及び自衛隊法第二条第五項に規定する隊員に関しては、適用しない。」と定めています。

　　しかし、明らかに相談者の障害特性に適合しない環境の部署にあえて異動させたといえるような場合には、異動自体が障害を理由とする「不当な差別的取扱い」に該当する可能性もあります。

3　坂本哲志厚生労働副大臣（当時）は、第183回参議院厚生労働委員会（平成25年５月28日）で同趣旨の答弁をしています。詳細は、第183回参議院厚生労働委員会第９号議事録（平成25年５月28日）を参照。
https://kokkai.ndl.go.jp/txt/118314260X00920130528/73（発言番号73）（最終閲覧日2023年10月13日）。

4　令和２年３月内閣官房内閣人事局・厚生労働省・人事院による発行。
https://www.cas.go.jp/jp/gaiyou/jimu/jinjikyoku/jinji_b.html（最終閲覧日2023年10月12日）。

5　総務省障害者雇用関係1. 通知及び事務連絡。
https://www.soumu.go.jp/main_sosiki/jichi_gyousei/koumuin_seido/josei_hatarakikata_01.html（最終閲覧日2023年10月12日）。

6　「職員の募集及び採用時並びに採用後において障害者に対して各省各庁の長が講ずべき措置に関する指針」（合理的配慮指針）人事院事務総局職員福祉局長・人事院事務総局人材局長（平成30年12月27日）

## 職場での「合理的配慮の提供」にあたって留意すべきこと

### 1　人事異動と「合理的配慮」

　人事異動により、多様な職種を経験し、知見を深めることは公務員にとって重要なことです。しかし、人事異動の重要性を重視するあまり、人事異動自体が、障害を理由とする「不当な差別的取扱い」にならないように注意する必要があります。職務経験の必要性だけでなく、相談者の障害特性やこれまでの経験を十分に検討した上で、相談者本人には、どのような職場環境が適切か、また、どのような「合理的配慮」が必要かを確認して人事異動をすることが求められます。

### 2　休職からの復帰調整

　休職期間中から、（相談者の体調に配慮しながら）「合理的配慮」の具体的内容について確認しておくとよいでしょう。

　もっとも、事業者側が「良かれ」と思う措置も、障害者にとっては必要なものではない場合があることに注意を要します。職場環境の調整にあたっては、一方的な思い込みで職場環境を決めるべきではなく、どのような配慮が必要なのかについて本人と話し合いながら決めることが重要です。

　ここで注意が必要なのは、障害者にとって、未経験の職種や職場環境について希望する措置の内容を具体的に申し出るのは困難であることが往々にしてあるということです。障害のある労働者側からは、どのようなことが支障となるか等、現時点で考え得る事情を明らかにすることで足り、他方、人事異動の担当者や、異動先の担当者からは、予定している職務の内容や職場環境を具体的に労働者に伝えることができますので、積極的に「合理的配慮」の要否・内容について働きかけ、調整を図ることが求められるでしょう。

### 3 ともに働く仲間の理解を深めるために

　障害のある労働者にとって、職場の仲間から障害特性に対する理解が得られないことが働きにくい環境を形成したことの一因となることはよくあることです。

　他方、同僚からすると、「言ってくれればよかったのに。」という思いにもなるかもしれません。しかし、そもそも、障害のある人にとって、自分から環境の改善を求めることは、難しいことが多々あります。働くにあたって、常に"同僚に配慮を求めなければならない"という環境は、障害者にとって「職場はあなたの存在を前提としていない」というメッセージとなってしまい、働くことに精神的な負担を感じることにつながります。

　従業員に一律に必要な配慮についての書面アンケートを取るなどして、事業所としては、配慮をする用意があると示すことは、障害のある人が必要な配慮について申出をしやすく、「言ってくれればよかったのに。」といったミスマッチを回避する手段としても有用です。株式会社LITALICOが公開している「合理的配慮相互検討資料」[1]などは、従業員が必要な配慮を把握するツールの一例として挙げられます。また、「合理的配慮」を求める際に障害者が相談する窓口をあらかじめわかるように周知しておくことも有用です。

　妊娠・子育てについて職場の理解があることが、従業員の定着につながるように、障害を持つ従業員が、安定して継続的に就労するにあたり、同僚や上司等一緒に働く仲間の障害や障害者差別への理解は不可欠です。改めて、職員間で差別解消法及び雇用促進法の理解を進めることが重要です（36条の4第2項参照）。

　このような理解を深める取組を行った上で、職場内での話合いや「合理的配慮」の調整によって「不当な差別的取扱い」となる結果を解消することができる可能性は高いのです。

注 ─────────────

1　合理的配慮相互検討資料
　　https://works.litalico.jp/assets/doc/interview/consideration/mutual.pdf

**10** 病気を理由に不採用になったケース

**事例**

　私は、大手メーカーの人事担当者としてバリバリ働いていました。

　中途採用の募集を出したところ、なかなかよさそうなＡさんが応募してきました。学歴職歴ともに申し分ないと思いながらＡさんの履歴書を見ていると、「その他」の欄に、「潰瘍性大腸炎のため、座席をトイレの近くにしていただけると助かります。」と記載されていました。この点が気になったので、私は面接の際、Ａさんに「あなたは潰瘍性大腸炎とのことですが、働けるのですか。治してから働いた方がいいのではないですか。」と尋ねました。すると、Ａさんは「いえ、私の場合、食事は自分で気を付けるのでご迷惑はおかけしません。ただトイレの近くだと安心できる、というだけです。」と答えました。それでも私は、Ａさんが無理をして仕事ができそうに答えているだけではないかと心配だったので、不採用にしました。

**設問**

1　相談者が、Ａさんを不採用にしたことにつき、どのような問題があるでしょうか。

2　相談者が、Ａさんを不採用としたことにつき、「正当な理由」はあるでしょうか。

**【論点】** ..........................................................................................

・雇用促進法の差別禁止条項の適用対象となる障害者（障害者手帳の所持の有無）

・採用の場面における「不当な差別的取扱い」の該当性

## 1 相談者が、Aさんを不採用にしたことにつき、どのような 問題があるか

　今回のケースは、雇用の分野における差別が問題となるので、参照すべき法律は差別解消法ではなく、雇用促進法です。

　では、Aさんは雇用促進法が適用される「障害者」なのでしょうか。Aさんは、潰瘍性大腸炎という指定難病ではありますが、障害者手帳を取得しているわけではなさそうです。そうすると、障害者雇用義務制度の対象にはならないので、「障害者」とはいえないのではないか、とも思われます。しかし、**第1章第3節1**（p.20）で解説したとおり、雇用促進法の「障害者」は障害者手帳を取得した者に限られず、Aさんも、「その他の心身の機能の障害」として対象となるのです。

　では、今回のケースに雇用促進法に基づく差別禁止のルールが適用されるとして、具体的にどのようになるでしょうか。

　雇用促進法は、**第1章第3節**（p.19）で解説しているように、「募集・採用時」と「それ以外」の場面に分け、差別解消法と同様、「不当な差別的取扱い」に相当する差別と、「合理的配慮の不提供」をしてはならない、と定めています。Aさんは、相談者の採用面接を受けた結果、「トイレの近くの席に自席を設けてくれれば働くことができる」と、「合理的配慮の提供」のお願いもしたにもかかわらず、相談者はその「合理的配慮」を拒否した上に、採用そのものを断ってしまいました。これは、採用の場面において、障害者を排除するという「不当な差別的取扱い」にあたるおそれがあります。

　雇用促進法は、こうしたとき、「事業主は、労働者の募集及び採用について、障害者に対して、障害者でない者と均等な機会を与えなければならない。」（34条）と定めています。これが、差別解消法での「不

当な差別的取扱い」に相当します。そして、Aさんが不採用になった理由は、「Aさんが無理をして仕事ができそうに答えているだけではないかと心配だったため」とのことです。Aさんの病気（障害）によって、Aさんが健康上の理由で仕事についていけなくなるかもしれない、という理由なので、障害を理由として不採用にしているといえます。履歴書や面接の成績から、この会社で十分戦力になりそうだったのに、病気であることのみを理由として不採用としています。これは、「不当な差別的取扱い」にあたり得る対応です。

　ただし、雇用促進法も、障害者であることを理由として採用の対象から除外したとしても、その取扱いに合理的な理由が認められれば、その取扱いは「不当な差別的取扱い」にはあたらず、禁止の対象にもなりません。

### 2　相談者がAさんを不採用としたことにつき、「正当な理由」はあるか

　では、相談者がAさんを不採用にしたことにつき、「正当な理由」はあるでしょうか。

　相談者としては、Aさんが病気のために職務に耐えられないのではないかと心配になり、採用を見送ったものと考えられます。職務能力のスクリーニングは、採用手続の本来役割であり、相談者の判断は合理的であるように見えます。ただ、Aさんの潰瘍性大腸炎が、このメーカー企業の職務に耐えられない程度のものであるかどうかを、相談者は確認していません。雇用促進法の定め（36条1項）を受けて作成された厚生労働省による差別禁止指針によると、事業者の取る行動のうち雇用促進法違反にならない例として、「採用後において、仕事をする上での能力及び適正の判断、「合理的配慮の提供」のためなど、雇用管理上必要な範囲で、プライバシーに配慮しつつ、障害者の障害の

状況を確認すること」が挙げられています[1]。

　相談者はまず、潰瘍性大腸炎がどのような病気で、一般的な患者がどのように生活をしているのかを調べるべきでした。現在はインターネットを活用すれば、非医療者向けの病気の解説サイトは簡単に探すことができます。そうすれば、故安倍晋三元首相も、潰瘍性大腸炎の中、総理大臣という激務をこなされていたことも知ることができるでしょう。Ａさんは、自分にとって必要な「合理的配慮」も自身できちんと把握しており、セルフマネジメントもできる人のようです。相談者が勤める企業が、よほどの激務の環境でない限り、Ａさんを不採用にする合理的な理由はなく、差別（不当な差別的取扱い）だった、といえます。

　もし、それでもなお、Ａさんについて、潰瘍性大腸炎一般の症状と同じように考えてもよいか心配になるのであれば、Ａさんからヒアリングをしたり、場合によっては主治医の意見をもらうことも考えられるでしょう。

　このように、潰瘍性大腸炎が不安でＡさんを不採用にするのであれば、少なくともその不安が現実的なものであるか、きちんと調べる必要があります。その上で、例えばＡさんの主治医が就労に消極的な意見を述べているなど、Ａさんの採否に現実的に影響を及ぼす事情である場合には、Ａさんを不採用にする合理性が生じ、不採用にしても差別には該当しないということになります。

注 ───────────────

1　差別禁止指針第3の14

職場で病気への配慮を言い出せずに
体調を崩したケース

**事例**

　私は、大手メーカーの人事担当者としてバリバリ働いていました。

　でも、1年ほど前から体調を崩してしまいました。全身がだるく、また熱もあるようなのですが、何日寝込んでもよくなりません。病院へ行くと、これは風邪ではない、自己免疫系の病気かもしれない、と言われて、数日間検査入院をしました。すると、全身性エリテマトーデスという病気のようです。主治医は「病気とうまく付き合っていきましょう。」と言いますが、同僚に言うのは迷惑をかけそうで気が引けたので、直属の上司にだけ、この病気のことを伝えました。上司は、「わかった。身体がしんどくなったらいつでも言ってね。」と言ってくれました。

　ところが先月、急に1週間ほど海外出張へ行くように言われました。そんなに急に言われても主治医と相談したり常備薬を多めにもらったりする準備ができないので困ったな、と思いました。でも、これは私にとって大きなチャンスだと思い、何も言わずに出張に行くことにしました。道中はなんともなかったのですが、帰国後、案の定40度近い高熱が出て緊急入院になってしまいました。

**設問**

1　上司（会社）の相談者に対する対応について、どのような問題があるでしょうか。

2　相談者の求める「合理的配慮」は、会社（上司）にとって「過重な負担」でしょうか。

## 【論点】

・「必要な措置」の該当性

・「意思の表明」の要否

・「過重な負担」にあたるかどうかの考慮要素

・「過重な負担」にあたる場合の代替措置

## 解説

### 1 上司（会社）の相談者に対する対応について、どのようなことが問題になるか

　相談者は、全身性エリテマトーデスという難病にかかってしまいました。この病気は、国が定める指定難病にあたりますが、身体障害者手帳等が簡単に発行される病気ではありません。したがって、この病気にかかったというだけでは、雇用義務制度の対象に入る病気ではありません。しかし、第1章第3節1（p.20）で確認した雇用促進法の「障害者」の定義を見る限り、全身性エリテマトーデスも、「その他の心身の機能の障害」に該当し、雇用促進法の適用の対象となる「障害者」に含まれます。

　次に、上司は相談者の病気について、相談者が説明をしたところ、「わかった」としか言っていません。上司は、どのような病気であるか、就労上、どのような配慮が必要か、きちんと把握していたのでしょうか。

　相談者は、数日間検査入院をしていたのですから、その結果がどうなったのかについて、上司は人事当局と一緒に確認しておくべきでした。というのも、使用者は、労働契約に付随する義務として、労働者に対し、労働者の生命や健康を危険から保護するよう配慮すべき安全配慮義務を負っています（労働基準法5条）。また、年1回の健康診断やそれに基づく医師への意見聴取、労働時間の短縮など就業上必要

な措置の実施、医師による保健指導や面接指導の実施も義務付けられています（労働安全衛生法66条以下）。これらの義務は、労働者が障害者であるか否かに関わりなく、全ての雇用関係に必要とされるものです。使用者が、労働者の健康で安全な労働環境を整えるために、健康状態の把握をすることは、プライバシー権の侵害にはあたりません。上司は、相談者が検査入院をしたときに、しかるべき人事担当者とともにその結果をきちんと聞き、業務上必要な「合理的配慮」はないか、フォローしなければならなかったのです。上司の対応は、疾患の重大さから考えると、この点において少し甘かったといえるでしょう。

　では、全身性エリテマトーデスという難病がある相談者に対し、急に海外出張を命じた点については、なにか問題がないでしょうか。

　今回の上司の対応は、相談者の難病という障害を理由として他の労働者と別の取扱いをしたものではありません。むしろ、相談者の能力を買って積極的にチャンスを与えようとするものですので、「不当な差別的取扱い」にはあたりません。

　しかし、相談者の体調を考えると、少々無理をさせてしまっているようです。この点について、「合理的配慮の不提供」があったといえるでしょうか。

　まず、差別解消法に基づく「合理的配慮の不提供」といえるためには、障害のある人から、現に社会的障壁の除去を必要とする旨の意思の表明、つまり「合理的配慮を提供してほしい」という意思表示が必要であるとされています。そうすると、本件の場合、海外出張の命令に対して相談者は何も言わなかったのですから、この「意思の表明」がなかったため、上司の配慮が足りなかったとしても「合理的配慮の不提供」にはあたらない、となりそうです。

　ところが、第1章第3節**2**（p.20）にあるとおり、雇用促進法においては、採用後の「合理的配慮の提供」の際には、労働者からの「意

思の表明」は必要とされていません。上記のとおり、そもそも労働者の健康状態は使用者がきちんと把握しておかなければならない義務があるからです。このため、本件において、相談者が「意思の表明」をしなかったことが、上司や会社の合理的配慮の不提供を否定することにはなりません。

　では、会社（上司）はどうすればよかったのでしょうか。

　雇用促進法に基づいて厚生労働省が策定した合理的配慮指針によると、その第3の2(1)において、労働者が障害者となったことを把握した際に、事業主は、当該障害者に対し、遅滞なく職場において支障となっている事情の有無を確認することとされています。この点については、一応相談者が上司に対して病気の説明をしていますが、その病気が、働くにあたってどのような支障を生じるかについては確認されていないようです。同じ病気でも人によって配慮すべき事柄はまちまちなので、必ず労働者本人にとって何が必要か確認しましょう。一般的に難病者が必要とする配慮としては、定期的な通院のために休暇を取る必要があります。もし本件の上司がそのことすら把握していなかったのであれば、相談者は通院をがまんしていた可能性もあります。必要に応じて人事担当者の協力を得ながら、上司は相談者の仕事上の支障について確認すべきだったでしょう。

　また合理的配慮指針には、「さらに、障害の状態や職場の状況が変化することもあるため、事業主は、必要に応じて定期的に職場において支障となっている事情の有無を確認すること。」とあります。今回のように、海外出張というイレギュラーな業務を指示する場合は、「職場の状況が変化」する場面ですので、相談者の身体に負荷がかからないか、改めて確認をするべきでした。

　以上のとおり、会社（上司）は、相談者からの「合理的配慮の提供」に向けた「意思の表明」を待つことなく、積極的に情報を収集し、ま

た節目節目で必要な「合理的配慮」について確認すべきだったといえるでしょう。

> **2　会社（上司）は、相談者に対して、どのような「合理的配慮」を提供すべきだったか**

　採用後の労働者に対する「合理的配慮の提供」について定めた雇用促進法36条の3によると、事業主は、障害者である労働者について、障害者である労働者の有する能力の有効な発揮の支障となっている事情を改善するため、その雇用する障害者である労働者の障害の特性に配慮した勤務の円滑な遂行に必要な措置を講じなければなりません。ただし、事業主に対して「過重な負担」を及ぼすこととなるときは、「合理的配慮」を提供する必要はありません。

　「合理的配慮」が、事業主にとって「過重な負担」となるかどうかは、①事業活動への影響の程度（その措置を講ずることによる事業所における生産活動やサービス提供への影響その他の事業活動への影響の程度）、②実現困難度、③費用・負担の程度、④企業の規模、⑤企業の財務状況、⑥公的支援の有無によって判断されます[1]。これらの考慮要素に従って検討した結果、求められた配慮が「過重な負担」にあたると判断した場合は、その措置が実施できないことを本人に伝えるとともに、その理由を説明したり、本人の意向に沿って「過重な負担」にならないような「合理的配慮」にかかる措置を講じたりすることになります。

　今回のケースの場合、どのような「合理的配慮」を提供すれば、相談者が海外出張へ行くことができたでしょうか。

　まず、主治医との相談や常備薬の調整のため、出張の時期をもう1か月先に延ばしてほしい、と言われた場合はどうでしょうか。出張によって果たすべき目的との兼ね合い次第ですが、一般的に相手のあることですから1か月も時期がずれるとビジネスチャンスを逸してしまいかねな

いかもしれません。この点は、上記の①事業活動への影響の程度、②実現困難度の要素に鑑み、その可否を判断することになるでしょう。

あらかじめ何か月も前から決まっている出張であれば相談者の身体状況に対応しやすいでしょうが、ビジネスの世界では出張とは急に決まるものです。そうすると、相談者にはおよそ海外主張をお願いすることはできないのでしょうか。今回は、初めての海外出張だったので、主治医との相談の間に猶予が必要になりました。この点、「いずれ急に海外へ行く必要が出るかもしれない。」ということを、相談者から主治医に相談し、その可否や注意点をあらかじめ把握しておくことは可能です。そもそも相談者の病状では、中長期の海外出張など無理だ、ということであれば難しいですが、多くの場合、注意点さえ守ればできなくはないはずです。その結果、出張の前後に休暇が必要である、と言われた場合、③費用・負担の程度（人件費の問題）や④企業の規模によっては、有給で休暇を認める「合理的配慮の提供」が考えられるでしょう。

難病者は、黙っていれば健康な人と同様に働けるように見せることができます。また、病気のためにできないことを伝えたことで、あらゆるチャンスや業務から排除されやすいのです。こうしたことから、自分から「できないこと」を伝えることができず、一人でがんばってしまい、結果体調を崩す人が多いといわれています。しかし、これは労働者にとっても事業者にとっても不幸なことです。雇用促進法も合理的配慮指針も、「合理的配慮の提供」に向けて事業主側から積極的に情報を収集し、配慮の内容を検討することを求めています。「労働者が何も言わなかったから」と諦めてしまう前に、よりよい職場環境の構築に向けて、対話をリードしてください。

---

注

1 合理的配慮指針第5の1

# 発達障害のある子の小学校入学で普通級への就学が受け入れられないケース

### 事例

　私の子どものAは、保育園の年長児です。保育園に通う中で、こだわりの強さや、多方面への対応が苦手なこと、視覚情報が強い（目から入ってきた情報に無条件にとらわれ外に注意が払えなくなる傾向がある）と指摘され、自閉症スペクトラムの疑いで、療育センターへも通っています。

　年長になり、就学時期が近づいてきたのですが、療育センターの担当者から、教育委員会の就学相談を受けてはどうかと勧められました。私は就学相談で担当者に、保育園時代からの友達と一緒の方が、本人も自然と小学校になじむだろうし、本人の力を伸ばすためにも、地域の公立小学校に通わせたいので、通常学級へ就学させたい、との意向を伝えました。

　その後、就学支援会議では、「支援級適（支援級に就学することが望ましい）」という結果になったと聞きました。

　私としては、やはり普通級への就学で進めたいと考えています。しかし、教育委員会からは相変わらず支援級への就学を強く勧められ、普通級に行くというならそれで仕方ないが、普通級ではAさんのための支援は難しいといわれています。合理的配慮を受けながら普通学校に行くためにはどうしたらよいかという話合いができないまま、入学時期が迫っていることに悩んでいます。

### 設問

1　支援級への就学を強く勧める教育行政側の対応にはどのような問題があるでしょうか。
2　「合理的配慮の提供」についての話合いとはどのように進められるべきでしょうか。

<br>

**【論点】**

・就学決定において考慮すべき要素はなにか

・就学相談の際に検討すべき「合理的配慮」の内容

**解説**

### 1 教育行政側の対応にはどのような問題があるか

　障害のある児童が就学するにあたり、保護者が普通級への就学を希望する場合には、就学決定にあたりその意向が最大限尊重されることとされています[1]。

　本件では、教育委員会は、Ａさんの保護者の意向である「普通学級への就学」自体は拒否しておらず、その点においては、他の子と同じ扱いをしているのですから「障害を理由とした不当な差別的取扱い」にはあたらないことになるでしょう。

　もっとも、本件では「普通級に行くならＡさんのための支援は難しい」と、Ａさんに対する「合理的配慮」の協議が全くできていません。このことは、「合理的配慮の不提供」としての差別にあたらないでしょうか（**第1章第2節2**（p.16）参照）。

　教育委員会及び学校は、「行政機関等」（差別解消法2条3号）として、「合理的配慮義務」を負います（同法7条2項）。設例は公立校を前提としていますが、私立学校においても、教育を反復継続して行っており、「事業者」（同法2条7号）として「合理的配慮義務」を負います（同法8条2項）。

　よって、教育委員会及び学校はそれぞれ「合理的配慮義務」を行い、障害を持つ児童に他の者との平等において学習の機会を保障する必要があります。

　Ａさんが、こだわりの強さや同時並行的な対応が苦手なことが指摘

されて療育センターへ通っていたことからすると、小学校の就学にあたっても、何らかの個別支援があった方がスムーズに学級になじめると思われる事情があるといえるでしょう。就学決定にあたり医療・教育の専門家らが、「支援学級適」と判断していることからも、個別支援の必要性が認められているといえます。

そして、「合理的配慮」を要求するにあたって求められる「意思の表明」は、個別具体的な場面において、社会的障壁の除去の実施に関する配慮を必要としている状況にあることを伝えることであれば足りるとされています（第1章第1節**5**(2)（p.8）参照）。

本件であれば、具体的に配慮の内容を特定してこのような対応をしてほしい、という要求をすることまでは求められず、

① 普通級に就学したいこと

② 普通級に就学するにあたっての支援について話し合いたいこと

という意向が示されているので、「意思の表明」は十分に認められます。

よって、そのような状況であるにもかかわらず、普通級への就学を前提とした「合理的配慮」について、全く話合いがなされないことは、「合理的配慮の不提供」として差別にあたることになります。

### **2** 「合理的配慮」の話合いはどのように進めるべきか

就学における「合理的配慮の提供」については、どこで、どのように話合いがされていく必要があるのでしょうか。

教育委員会は、歴史の中で政治的中立性を保つため、首長から独立した行政委員会として機能してきました。そのため、インクルーシブ教育の実践の内容・程度は、地域によって様々です。そこで、就学にあたっては、保護者だけでなく、主治医や保育園・幼稚園、行政の他の機関（障害者差別解消支援地域協議会など）が協働して「本人・保護者の意向尊重」、「インクルーシブ教育を受ける権利」という点を積

極的に伝えていくことが重要になってきます。

　そして、具体的な「合理的配慮」の内容について検討する前提として、現時点で、学校でどのような「環境の整備」がなされているのか、例えば、①どのような制度があるのか、②これまでの自治体の実践例についての情報を本人・保護者に提供する必要があります。この「環境の整備」については、自治体によって差異が大変大きいところですので、まず、これを知らなければ、「環境の整備」に加えて個別の事例で必要な「合理的配慮」の検討をすることができないからです。

　具体的には、支援員の加配ひとつをとって見てみても、学習支援員と介助員を分ける・分けない、加配が児童単位かクラスや学校単位か、毎日支援員が配置できるか、一人の支援員が週に数時間ずつ学校を回る体制か、など自治体によって様々です。また、通級制度や特別支援教室、自閉症・情緒障害特別支援学級の設置の有無など、自治体によってそもそも持っている支援体制が異なります。このような自治体としての制度は、主として教育委員会が説明をする必要があります。

　さらに、自治体は同一であっても、学校毎にバリアフリー状況や、配慮の必要な子どもについて検討する校内の支援委員会の開催頻度は様々です。既にその学校に配慮の必要な児童がどれだけいるかによっても、実際の取組状況は異なってきます。このような点については、校長や特別支援コーディネーターから説明を受けることになるでしょう。

　一般的には、教育委員会の担当者が保護者の意向を聞き取りながら、地域の学校や支援学校の見学を進め、校長面談を設定するなどして、就学相談が実施されていきます。積極的にインクルーシブ教育に取り組んでいる自治体では、夏ごろから就学相談を開始し、それまでの対象となる児童の保育園・幼稚園の様子や医師の意見を教育委員会の担当者らが見学に行ったり、同じようなケースの他の自治体の取組を見

学に行くなどもしています。

　「環境の整備」の状況について理解することで、保護者も、子どもの様子や主治医の意見を踏まえて、就学に際してのイメージを膨らませ、具体的な検討課題や要望を出すことができるようになっていきます。

　そして、その保護者の具体的な検討課題や要望を踏まえて、具体的な「合理的配慮」の検討に入ります。ここでは、どこまでが「可能なのか」を具体的に検討をしていくことが必要です。例えば加配であれば、就学前の時点で「支援員が必要な前提で予算取り、人員募集をかけています。」、「最初からという確約はできませんが、様子を見ながら必要な場合にはGW明けぐらいからつけていくのが一般的です。」という説明がされる場合と、「入学前の段階では加配については確約できません。」と言われてしまうのでは保護者・本人が普通級を選択肢に入れられるか否かは全く変わってきます。

　「確約はできない」場合であっても、それはなぜなのか、ということについては説明がされなければなりません。「対象児童に加配が必要なのかが明確ではない。」ということであれば、保護者は必要に応じて療育の様子や主治医の意見を伝えることも有用です。自治体によっては、１年生については副担任制度を取っているので、あえて個人一人につけなくても、個別支援が可能であると考えているのかもしれません。

　「人が集まるかが明確ではない。」ということであれば、保護者によっては、障害児福祉のネットワークにも働きかけて人員募集を手伝いたい、という人もいるかもしれません。

　なお、子どもの学習権という権利の重大性や、義務教育が憲法上の要請であることに鑑みれば、義務教育を受けるという場面における行政側の「過重な負担」の主張は安易に認められるべきではありません。障害者権利条約の教育条項（24条）についての一般意見においても、

「資源不足と財政危機の存在を、インクルーシブ教育に向けた前進の失敗を正当化するために利用することは、第24条に違反する」との指摘がなされています。

　もっとも、個々のケースにおいては、予算を無視することはできません。特に、人員配置が必要な場合には、入学前の早い段階から「合理的配慮」としての人員配置の必要性を明らかにして、教育委員会の予算要求に乗せてもらう必要があります。そのためにも、どういった「合理的配慮」が必要になりそうなのか、「合理的配慮の提供」にあたり何が課題になり得るのか、を明らかにすべく、丁寧な情報提供とその情報を前提とした具体的な対話が行われることが非常に重要となります。

　なお、文科省の方針においても、就学に関する事前の相談において「支援体制を含む基礎的環境整備の状況とそれに基づく教育上の合理的配慮を含む必要な支援の内容に関する状況（合理的配慮の提供に関する合意形成までの手続きも含む）」について、保護者に分かりやすく説明がされなければならないとして、就学前の時点から「合理的配慮」の検討が行われるべきであるとの方針が示されています[2]。

　自治体によっては就学支援会議の意見として、普通級としながら教育的配慮が必要である、と配慮の必要性を就学相談時点で述べるところもあります。また、本人・保護者の意向に沿った就学決定を追求した結果、就学支援会議を廃止した自治体もあります。

　他方で、設例のように、実際の就学手続において、「普通学級を選択した場合の　支援は確約できない」、「必要な支援については、実際に進学してから判断する」などと言われるケースも、まだまだ見受けられます。インクルーシブ教育の実践については、日本国内でも自治体の積極性が異なり、文科省も「市区町村ごとに就学先についての判断や考え方にばらつきがある状況は、子ども一人ひとりの教育的ニー

ズに基づいて就学先を検討するという基本からは好ましいこととは言え」ないとしています[3]。

## 障害のある児童生徒の就学先決定について（手続の流れ）

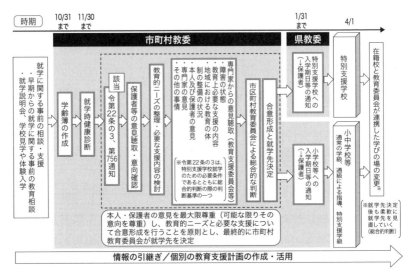

出典：文部科学省「障害のある子供の教育支援の手引」（2021年）

---

注

1　「学校教育法施行令の一部改正について（通知）」（平成25年9月1日25文科初第655号）

2　文部科学省『障害のある子供の教育支援の手引　～子供たち一人一人の教育的ニーズを踏まえた学びの充実に向けて～』（ジアース教育新社、2022年16頁）

3　前掲**注2**　37頁

Column
6

## 就学制度と障害者権利条約

　障害者権利条約は、基本的な方針（一般原則）にインクルージョンを掲げ（3条）、教育について、あらゆる段階においてインクルーシブな教育制度を確保するよう国に要請しています（24条1項）。

　他方、日本では、戦後、分離別学制度が取られ、障害を持つ子どもは養護学校（現特別支援学校）に就学することとなっていました。分離別学制度の趣旨について、当時の文部省は「50人の普通教育の学級運営を、できるだけ完全に行うためにも、その中から、例外的な心身の故障者は除いて、これらとは別に、それぞれに故障に応じた適切な教育を行う場所を用意する必要があるのです。特殊教育の学校や学級が整備され、例外的な児童・生徒の受け入れ態勢が整えば、それだけ、小学校や中学校の普通学級における教師の指導は容易になり、教育の効果があがるようになるのです」と述べています[1]。

　障害者権利条約の批准に際して、国内法を整備するために設置された内閣府障がい者制度改革推進会議において、このような原則分離別学が定められた状況は「障害を理由として」インクルーシブ教育を受ける機会、すなわち、地域の同世代の子どもとの関わりの中で地域で学ぶ機会を制限するものであり、権利条約の禁ずる差別にあたるとして、制度改革を行う必要性が指摘されました。改革の議論の中で、インクルーシブ教育推進のために教育制度の在り方を改革する必要があるとされ[2]、障害者基本法において、「国及び地方公共団体は、障害者が、その年齢及び能力に応じ、かつ、その特性を踏まえた十分な教育が受けられるようにするため、可能な限り障害者である児童及び生徒が障害者でない児童及び生徒と共に教育を受けられるよう配慮しつつ、教育の内容及び方法の改善及び充実を図る等必要な施策を講じなければならない」としてインクルーシブ教育の方針が明らかにされました（16条1項）。このような内閣府の議論を受けて文科省において

具体的な就学制度の関する法令の改正の議論が行われ、学校教育法施行令の改正により、それまで原則分離とされていた就学手続は、障害の状態、その者の教育上必要な支援の内容、地域における教育の体制の整備の状況等を勘案した総合考慮により市区町村教育委員会が決するものとされ（学校教育法施行令5条1項）、決定に際しては、その保護者及び教育学、医学、心理学その他の障害のある児童生徒等の就学に関する専門的知識を有する者の意見を聴かなければならず（同施行令18条の2）、その意見聴取は最終的な就学先の決定を行う前に十分な時間的余裕をもって行うものとし、保護者の意見については、可能な限りその意向を尊重しなければならないこととされました[3]。

　しかし、インクルーシブ教育を推進するとの方向性に反し、権利条約批准後も、特別支援学校・学級に在籍する学生は増加し続けています。このような現状を受け、2022年9月に、国連障害者委員会が日本に対して行った勧告においては、日本が障害のある子どもを受け入れるには事実上準備不足であると受け取られていることにより、障害のある子どもが通常の学校での受入れを否定されていることについて問題だと考えており[4]、障害のある子の普通学校の受入れ拒否を禁止する条項を作るべきであると要請されています[5]。

**注**

**1**　文部省「わが国の特殊教育」1961年（国立国会図書館デジタルコレクション）

**2**　障がい者制度改革推進会議「障害者制度改革の推進のための基本的な方向（第一次意見）」（平成22年6月7日）

**3**　「障害のある児童生徒等に対する早期からの一貫した支援について（通知）」（平成25年10月4日25文科初第756号）

**4**　国連勧告51（b）

**5**　同52（b）

教育

# 13 発達障害のある中学生が支援学級に行くべきだと言われたケース

**事例**

　私の子どものAは、自閉スペクトラム症と診断されている13歳の中学1年生です。授業に集中できなかったり、周囲の状況に興奮して落ち着かなくなったり、全体に対してなされた指示に従えないときがあります。小学校の頃は、できないことがあったり興奮して落ち着かなくなると、担任以外の教員が寄り添ってくれて、別室でクールダウンするなど、Aのペースにあわせて学校生活を送れるよう、配慮を受けていました。

　今年、Aは、地域の公立中学校に進学しました。入学前、学校側からは、Aに対応するためだけの教員・職員は配置できないので、クラスの他の生徒と同じように過ごしてもらうと言われました。

　入学当初は、がんばって学校生活になじもうとしましたが、授業に集中することが難しかったり、クラスのみんなとうまくやれなかったりということが続き、イライラしたり興奮することが増え、机を蹴ったり大声を出したりすることが増えました。

　クラスの他の子どもたちから、「Aさんがいると授業がめちゃくちゃになる。クラスでの活動もうまくいかない。」という不満の声が出るようになり、ますます教室に居づらくなってしまいました。

　私とAは、学校に対し、Aが学級になじめるよう、「苦手なことはむりにやらせないでほしい。」、「Aが取り組めるような課題にしてほしい。」、「集団行動が難しいときには、離れて過ごせるようにして欲しい。ただ、そのときもAが疎外感を覚えないように配慮して欲しい。」など様々な要望を伝えました。担任の教員や教科担当の教員は、Aが落ち着いて学級になじめるよう、Aが苦手な教科ではAの課題を減らしたり、集団行動のルールを変更するなどの配慮をしてくれた結果、Aは落ち着いて授業に参加できるようになりましたが、今度は、他の生徒

や保護者から、「Aさんだけを特別扱いしている。Aさんに合わせることで他の生徒の学習や集団行動などの学びが阻害されている。できない子どもに合わせるのはおかしい、授業についていけないのなら特別支援学級に行くべきだ。」という声が出るようになってしまいました。

　Aは、特別支援学級ではなく今のクラスに通いたいと言っています。なんとかAを今の学級に通わせてあげることはできないでしょうか。

### 設問

　1　学校側はどのように対応するべきでしょうか。
　2　他の生徒や保護者の理解を深めるためにはどうしたらよいでしょうか。

**【論点】**‥‥‥‥‥‥‥‥‥‥‥‥‥‥‥‥‥‥‥‥‥‥‥‥‥‥‥‥‥‥

・教育現場での「合理的配慮の提供」の在り方
・「過重な負担」の該当性
・障害に対する理解の促進

### 解説 ‥‥‥‥‥‥‥‥‥‥‥‥‥‥‥‥‥‥‥‥‥‥‥‥‥‥‥‥‥‥

### 1　学校側はどのように対応すべきか

　全ての子どもには、教育を受ける権利があります。学校としては、障害のある子に対して「合理的配慮」を提供することで、障害のある子も学べる環境にすることが求められます（第2章事例12【発達障害のある子の小学校入学で普通級への就学が受け入れられないケース】（p.96）参照）。

　本件でAさんに対して学校が行った配慮は、まさしく障害に対する「合理的配慮の提供」です。

　もっとも、学校としては、全ての子どもの教育を受ける権利を保障

するため、その学年で獲得することが求められている学びを提供することも必要です。

では、「障害のある子どもに対して「合理的配慮」を提供することが他の子どもの学びを阻害するため、「過重な負担」にあたる」ということはあるのでしょうか。

この、「障害のある子に対する「合理的配慮の提供」が他の子どもの学びを阻害する」という場面は、非常に限定されると思われます。

そもそも、学校には、障害のあるなしに関わらず、様々な個性を持つ子どもがいます。そのため、学校現場は、様々な個性・特性を持つ子どもたち一人ひとりが尊重され、充実した学習をすることができる場であるよう、「環境の整備」を行うことが必要です（学校現場におけるユニバーサルデザイン）。

その上で、障害のある子に対しては、これに加えて、「環境の整備」では担いきれない、障害特性に応じた個々の対応が「合理的配慮」として提供されることが求められるのです。

本件の場合だと、学校としては、集団行動などの学級運営をどのように行うか、授業をどのように進めるかということは、Ａさんを含め様々な子どもがいる学級であることを前提に考えることになります。

このように、学校には、障害のあるなしに関わらず、様々な個性・特性がある子がいるというのが大前提ですから、学級運営の在り方や授業の進め方は画一的ではなく、その学級の個性によってある程度の幅があることは当然予定されています。

Ａさんに対する「合理的配慮の提供」が「過重な負担」にあたる場合とは、当該学年において獲得することが予定されている学びが得られないような状況になる場合ですが、Ａさんが苦手な教科でＡさんの課題を減らすことは、他の生徒の学びを阻害することにはなりません。また、集団行動のルールをＡさんのために変更するという点につい

ては、みんなができるようにルールを変更することは、集団行動において
の学びの本質に沿う場合も多いでしょう。

　障害のある子への個別対応のために、全く授業ができなくなる、と
いうような場合には、「過重な負担」といい得るかもしれませんが、
その場合は、加配の教職員を配置するなどの手段を尽くした上である
ことが必要です。

## **2**　他の生徒や保護者の理解を深めるためにはどうしたらよいか

　(1)　クラスの子どもたちから出た、「特別扱いだ」、「できない子に
合わせるのはおかしい」という声は、子どもたちが「人権」というも
のに向き合ったことから発現した感情です。本件のような場面は、子
どもたちが、「自分では変えられない事情を理由にその人を排除する
ということは差別、人権侵害である」ということや、「障害のある人
もない人も共に生きていくためにはどうしたらよいか」、ということ
を学ぶ大きなチャンスともいえます。障害のある人に対する「合理的
配慮」を学ぶということは、障害のあるなしに関わらず、個性を尊重
され、苦手なことや得意なことをそれぞれに補い合って生きていくと
いうことを学ぶということにつながり、障害のない子どもにとっても、
自分を尊重されるということの重要性を知る機会となります。

　そこで、学校としては、人権教育を行うことが重要です。具体的には、
道徳や総合学習等の時間を利用して、人権とは何か、障害のある人へ
の差別とは何かを学び、「合理的配慮」が特別扱いではなく、差別を
是正するための手段であることを理解することが必要でしょう。また、
障害に対する「合理的配慮」には色々な手段があるということを学ぶ
ことも重要です。Aさんにとってもクラスのみんなにとっても最もよ
い「合理的配慮」は何なのか、子どもたちが自分たちで考えるという
方法も有用です。

　学校現場での「合理的配慮の提供」については地域差がありますので、他地域での実践が参考になる場合もあります[1]。

　(2)　他の保護者に対しては、このような子どもたちの学びが、子どもの成長にとって貴重であることを理解してもらうための取組が重要です。そのためには、学校での取組について、丁寧に情報共有することが重要です。必要に応じて、保護者会を実施する、授業参観で取組の様子を見てもらうなどが有用です。もっとも、このような取組を行うにあたっては、当該障害のある生徒やその保護者の意向を尊重し、情報共有自体が障害を理由とする不利益取扱いとならないように配慮することが重要です。

**注**

1　インクルーシブ教育データバンク（編集）『つまり「合理的配慮」ってこういうこと?!：共に学ぶための実践集』（現代書院、2017年）

**14 医療的ケアの必要な子が修学旅行に保護者の同伴を求められたケース**

**事例**

　私の娘は、酸素吸入、痰の吸引という医療的ケアが必要な児童であり、地域の普通学校の普通学級・6年生に在籍しています。

　普段の学習の際には看護師が配置され、医療的ケアの提供がなされていました。

　学校では、今年度一泊二日の修学旅行が予定されています。今年になって、学校・教育委員会からは、修学旅行には常時医療的ケアに対応できる体制が必要で、そのための看護師配置が困難であるため、娘が参加するにあたっては保護者に同伴してほしいと言われています

　娘は、親と離れて宿泊することに修学旅行の楽しさがあるのであり、親には付いてほしくない…と希望しています。

**設問**

　1　教育行政側が修学旅行に保護者の同行を求めることにはどのような問題があるでしょうか。

　2　学校・教育委員会は、何とか看護師配置をしようと努力しているが、人が見つからない、という場合には結論が違ってくるでしょうか。

**【論点】**

・「不当な差別的取扱い」の該当性

・教育分野で「合理的配慮」として求められる内容

・「過重な負担」の該当性

**解説** ..............................................................................................

## 1 教育行政側が保護者の同行を求めることにどのような問題があるか

### (1) 差別的取扱いにあたるか

「不当な差別的取扱い」の判断要素については**第1章第1節4**（p.5）を参照してください。

相談者の娘（以下、単に「相談者」といいます。）は、修学旅行に参加するにあたり、他の児童にはない、保護者の同伴という条件と付されています。そのことにより、相談者は、仮に保護者が仕事や体調不良等で同伴できなくなった場合には相談者自身も修学旅行に参加できないという、他の児童にはないリスクを負うことになります。また、修学旅行は、学校の教育課程上の「学校行事等」に位置付けられる教育活動であり、学校教育は、社会において自立的に生きる基礎を培い（教育基本法5条2項）、自主、自律の精神等を身につける目的で行われるものです（学校教育法21条1号）。そこに保護者が同伴することになれば、相談者は、社会において自立的に生きる基礎を培う機会や、自主、自立の精神等を身に付ける機会のうちの一つを奪われることとなるという不利益も受けます。したがって、学校・教育委員会が、修学旅行には常時医療的ケアに対応できる体制が必要で、そのための看護師配置が困難であるため、保護者に同伴してほしいと求めることは、相談者の障害を理由として、障害のない児童に対しては付さない条件を付けることにより、相談者の権利利益を侵害することになります。

### (2) 「不当な」といえるか

では、相談者にこのような条件を付けることには、「正当な理由」があるといえるのでしょうか。「正当な理由」の判断要素については**第1章第1節4(2)**（p.6）に記載のとおりであり、本件は、「合理的配

慮の不提供」もあわせて問題となるケースであるため、「合理的配慮」が提供されることを前提として、差別的取扱いを正当化する理由の存否の判断を行う必要があります。

　本件では、障害のある相談者の侵害される権利利益としては、上記のとおり、仮に保護者が仕事や体調不良等で同伴できなくなった場合には相談者自身も修学旅行に参加できないというリスクがあるほか、社会において自立的に生きる基礎を培う機会や、自主、自立の精神等を身に付ける機会を奪われることとなるという不利益も受けます。さらには、相談者の保護者にとっても、一泊二日の付添いをしなければならないことにより、就労その他の時間が制約されるという不利益もあります。

　他方、学校・教育委員会としては、修学旅行を通じて、上記のとおり学校教育活動の一環として児童の自主、自立を促す必要がありますから、保護者の同伴を求めることは、学校・教育委員会の事務・事業の目的や内容・機能の維持に相反することになります。

　このように、保護者の付添いを求めることは、本人・保護者にとって負担が大きく、修学旅行という学校教育活動の教育にもそぐわないことになります。

　では、「合理的配慮」として、看護師配置を求められるでしょうか。

　医療的ケア児支援法は、学校が、保護者の付添いがなくても適切な医療的ケアその他の支援を実施できるように、看護師配置等の必要な措置を講ずること（10条2項）を定めています。また、平成31年文科省通知[1]は、「校外学習（宿泊学習を含む。）」につき、①教育委員会及び学校が、看護師等による体制を構築すること、②校外学習のうち、宿泊を伴うものについては、看護師等の勤務時間等も考慮した人員確保とともに、緊急の事態に備え、医療機関等との連携協力体制を構築すること、その際には、宿泊を伴う勤務に対応できるよう、必要

に応じ各自治体における勤務に関する規則の整備をすること、を学校
等に求めています。さらに、令和3年文科省通知[2]は、保護者の付添
いを求めることのできる場合について、「本人の自立を促す観点から
も、真に必要と考えられる場合に限るよう努めるべき」とした上で、
真に必要と考えられる場合の例として、入学時・転入学時・長期休業
明けなどに必要な情報を引き継ぐ場合のみを挙げています。

　このように、校外学習（宿泊を伴うものを含む。）における医療的
ケアの実施については、教育委員会及び学校は、看護師等による体制
を構築すること、それら職員の宿泊を伴う勤務に対応できるよう人員
確保すること、必要に応じ各自治体における勤務に関する規則の整備
まで行うことが求められているのですから、これらを実行することは
学校・教育委員会の本来的業務であって、「合理的配慮」として求め
ることができ、これを実施しないことは原則として「不当」と評価さ
れるでしょう。

　なお、仮に、一泊二日の看護師配置を行うことが「合理的配慮」と
しての「過重な負担」に該当し、他に「合理的配慮」としての代替手
段もないとすれば、保護者の付添いを求めることが正当な理由ありと
判断され得ることになります。もっとも、上記のとおり、医療的ケア
児支援法及びこれに関わる行政通知が保護者の付添いを許容する場合
を極めて限定的に記載していることや、下記に述べるように看護師等
配置の方法としても様々な方法が考えられることからすれば、原則と
して、看護師等の配置が「過重な負担」があるということはできず、
看護師配置が困難であることを理由に保護者の付添いを求めること
は、「不当な差別的取扱い」に該当することとなるでしょう。

　(2)において述べたとおり、法令上、教育委員会及び学校は、宿泊を
伴う校外活動においても医療的ケアの必要な生徒に看護師等による医
療的ケアの提供を行う必要があるとされている以上、修学旅行に看護

師等を配置して一泊二日の医療的ケアを実施することが「過重な負担」に該当することは原則としてないといえます。

　また、医療的ケア看護職員は、学校において、日常生活及び社会生活を営むために恒常的に医療的ケアを受けることが不可欠である児童の療養上の世話又は診療の補助に従事する職員として学校教育法施行規則第65条の２に規定されており、国が、学校における医療的ケアの「環境の整備」の充実を図るため、地方公共団体等における医療的ケア看護職員の配置に係る補助（教育支援体制整備事業費補助金（切れ目ない支援体制整備充実事業））を行うこととなっていることからしても、医療的ケア実施のための看護師配置が「過重な負担」に該当することはないでしょう。

　学校・教育委員会が保護者に付添いを求めることが許容される場合としては、入学や転入学時のほか、夏休みなどの長期休業や長期の入院の後始めて登校する際などに、医療的ケア児の健康状態に応じて必要な情報を引き継ぐ場合などが考えられますが[3]、あくまでも引継ぎのための保護者の付添いですので、看護師も同行して引継ぎを受けることが前提であって、このような場合であっても看護師配置をしなくてよいということにはならないでしょう。

## 2　看護師配置が困難な場合はどうか

　学校・教育委員会は、何とか看護師配置をしようと努力しているが、人が見つからない、という場合には結論が違ってくるでしょうか。

　基本的には、６年時のこの時期に修学旅行があることは、相談者がこの小学校に入学した当初から分かっていることですので、看護師等を探すための十分な時間的猶予はあるはずです。また、相談者の体調や意向にもよりますが、学校が看護師を雇用する以外にも様々な方法があります（令和３年文科省通知）。仮に地域柄看護師の配置が困難

であるという場合であっても、相談者が利用する訪問看護ステーションの看護師に依頼をしたり、医療機関から看護師の派遣を受けるなどの方法もあるのですから（なお、痰吸引等の特定行為については、介護職員等を利用する方法もあるほか、教員が研修を受講して医療的ケアを実施する方法もある）、全く人が見つからずに保護者の付添いを要求する事態となることは、学校・教育委員会のそれまでの活動方針に問題があるといえるでしょう。

　もっとも、例えば、当該学校にとって、相談者が、修学旅行間近な時期になって突然転校してくることとなった転校生であって、急いで人員を確保しようとしたものの間に合わない、参加を予定していた看護師が急遽体調不良になり人員が確保できない、といった緊急を要する事情がある場合には、学校・教育委員会が修学旅行のための看護師配置の必要性を認識した時期、地域の看護師等の状況等の状況に照らして、看護師配置を行うこと（短時間で看護師を探す事務的な負担も含む）が「過重な負担」に該当すると判断される場合もあると思われます。

---

注

1　「学校における医療的ケアの今後の対応について」（平成31年3月20日30文科初第1769号）

2　文部科学省初等中等教育局特別支援教育課「小学校等における医療的ケア実施支援資料〜医療的ケア児を安心・安全に受け入れるために〜」（令和3年6月）

3　前掲**注2**

# 15 私立大学で聴覚障害のある学生が 支援者の調整を拒否されたケース

**事例**

　私は生まれながらに耳が聞こえず、第一言語は手話です。日本語の墨字での読み書きは、同年齢の学生と同程度に支障なく行います。聾学校に幼稚部から通い中学まで過ごしましたが、高校から、世界を広げようと普通学校へ入学し、大学受験を経て私立の四年制大学へ進学しました。

　大学では、学生支援センターが障害学生支援を担っていました。支援センターに登録している学生ボランティアが、授業のノートテイクをすることで、話している内容がリアルタイムで手元のパソコンに表示されます。もっとも、登録学生ボランティアとのやり取りは自分でしないといけないため、それぞれの学生の履修状況を把握してシフトを組むこと自体の負担もある上に、担当者からキャンセルが入ると急遽他の学生を探す必要が出てくるために自分の予定がこなせなくなってしまうこともありました。今後のことを考慮すれば、急なキャンセルにも快く対応すべきだと思いつつ、その都度、他の学生に急な「お願い」をしなければならないことの心理的な負担も大きくなっていました。結果として、他の学生を見つけることが難しくて講義を受けられなかったり、そもそも探すことのストレスから、講義を受けることを諦めてしまうこともありました。

　このままでは学業を継続できないと思い、学生ボランティアのシフトを組むコーディネーターを大学においてほしいと学生支援センターに打診したところ、コーディネーターを新たに設置することは、すぐには難しいと言われました。

**設問**

　大学がボランティアのシフトのコーディネートの体制を組むことが難しいと対応したことにはどのような問題があるでしょうか。

**【論点】**

・「不当な差別的取扱い」か「合理的配慮の不提供」か

・「過重な負担」の該当性

・「合理的配慮」の決定プロセス

**解説**

## 差別にあたるか

### (1)　障害を理由とした不利益的取扱いにあたるか

　相談者は大学への進学を果たしており、他の学生と同様の条件で、授業を受講しています。そして、受講に際しては学生ボランティアにより、ほぼ同時に同内容の情報がパソコンに反映されています。

　そのような状況において、さらに学生ボランティアのコーディネートが受けられないことが、「不当な差別的取扱い」にあたるといえるのでしょうか。

　「不当な差別的取扱い」の定義については、第1章第1節**4**(1)（p.5）を参照してください。

　本件においては、障害のある学生にもない学生にも等しく講義への参加することは保障されており、機会の提供を拒否しているとはいえず、差別的取扱いにはあたらないといえるでしょう。

### (2)　合理的配慮義務違反にあたるか

　では、「合理的配慮の不提供」として、差別にあたる余地はあるでしょ

うか。

　まず、相談者がコーディネーターを大学においてほしいと打診した
ことは、自らが他の学生と同じように学ぶためにはノートテイクが必
須であるところ、大学側は、ノートテイクの学生ボランティアを募集
する仕組みまで作っていますが、そのシフト調整が心理的にも時間的
にも相談者の負担になっており、学業の支障となっていると伝えてい
ると理解できます。相談者が他の学生と同じように学問の自由の保障
を受けるにあたって社会的障壁となっている支障の除去を依頼したも
のであり、「合理的配慮」を求める「意思の表明」にあたります。

　では、大学側は、「合理的配慮義務」としてコーディネーターを設
置する義務を負うのでしょうか。大学側にとって「過重な負担」とい
えるのかが問題となります。

### ⑶　権利の重要性から「過重な負担」が安易に認められるべきでは　ないこと

　「過重な負担」といえるかどうかについては、「合理的配慮」が提供
されないことによって被る人権侵害の程度をも考量する必要がありま
す（**第1章第1節5**⑶（p.9）参照）。

　相談者が大学で講義を受けることは憲法26条の教育を受ける権利
によって保障されています。教育は、個人が、自分は何者であるのか
というアイデンティティを確立させ、社会で生活を営んでいくための
力をつけるために不可欠の前提をなすものです。

　さらに、相談者が大学で講義を受けることは、学問の自由として憲
法23条でも保障されています。学問の自由は、一般的に、①私人の
学問研究の自由、②学問研究成果の発表の自由、③教授の自由、④大
学の自治を保障するとされています。

　本件は特に①相談者の学問研究の自由が問題になる場面であり、相
談者が自身の関心のあることについて探究することは、相談者の思想

信条の自由（憲法19条）、表現の自由（憲法21条）にも支えられた極めて重要な権利であるといえます。

このように、本件で相談者が大学で学ぶという場面においては、「合理的配慮の提供」が受けられないことで侵害される権利は、教育の自由、思想信条の自由、表現の自由、学問の自由という、基本的人権の中でも、個人の尊厳の根幹に関わる極めて重要な権利です。これらの権利は、「なりたい自分になる」、「自分の人生を自分で決める」といった自己決定権、幸福追求権に通じるものであり、「自分らしく生きる」という自己実現の価値を有するものであるといえ、安易に侵害が正当化されることは許されないものといえます。

そして、本件においては、相談者自身がシフトの調整を担う中で、時間的にも心理的にも負担が大きくなり、シフト調整を担うことの負担を避けるために講義の受講を諦める等、現に権利の制約が生じている状況です。

このような場面においては、安易に「過重な負担」が認められるべきではなく、大学側には、相談者が他の者と同等に講義を受講できるよう、「合理的配慮」を提供すべき義務が認められるというべきでしょう。障害者権利条約の教育条項（24条）についての一般意見においても、「資源不足と財政危機の存在を、インクルーシブ教育に向けた前進の失敗を正当化するために利用することは、第24条に違反する」との指摘がなされており、教育分野においては特に、人員などの資源や財政的な負担を理由に障害者を排除することは認められません。

本件においても、具体的な検討もせず、増加人員の手配は経済的・大学運用的に困難であるから「過重な負担」にあたるという抽象的な理由で、「合理的配慮の提供」を免れることは許されません。大学の規模にもよりますが、シフト調整のための人員を設けることが大学事業を困難にするような「過重な負担」にあたるということは考えにく

いでしょう。

### ⑷ 「合理的配慮」の具体的な内容

では、コーディネーターを設置しないことがすぐに義務違反となるのでしょうか。

「合理的配慮義務」は、第1章第1節5（p.7）において述べられているように、「障害者が他の者との平等を基礎として全ての人権及び基本的自由を享有し、又は行使することを確保するための必要かつ適当な変更及び調整」であり、その具体的な内容は、建設的対話によって確定されます。

コーディネーターの配置は、相談者が講義を受講することを可能にする確実性の高い手段ですが、年度内の新規採用は、実現可能性（人的・体制上の制約）が低いかもしれません。

そのような場合には、相談者が他の学生と同じように講義を受講するためにどうしたらいいのかについて、相談者と建設的な協議を行うことが求められます。

すなわち、コーディネーターの配置が難しいと拒否することは合理的配慮義務違反にあたりますが、即時にコーディネーターの配置が難しいことを前提として他の手法について協議する場合には、直ちに合理的配慮義務違反となるわけではありません。

コーディネーターの配置が直ちに難しい場合にも、学生のボランティアについて学生支援室でシフト表を作り、ボランティア側の支障が生じた場合には学生支援室に連絡するようにすることで、相談者の負担は相当程度軽減させることが予想されます。学生支援室に、障害学生支援担当者といった専門職を配置し、担当者を固定することで、やりとりがよりスムーズになるかもしれません。東京大学が勧めている「障害と高等教育に関するプラットフォーム形成事業：PHED」においても、障害学生支援スタンダードとして、専門性を有する障害学

生支援担当者により、修学に必要な支援を学内で具体的に構築することが推奨されています[1]。

　このように、「合理的配慮義務」が認められる場合においても、どのような対応が「合理的配慮」として認められるのかが、自動的に定まるものではありません。

　「合理的配慮義務」は、障害者側の申告内容をベースとして、建設的協議の中で確定させていくべきもので、事案により、個別性の高いものなのです（第1章第1節5(4)（p.10）参照）。

---

注 ————————————————————

1　「東京大学PHED　障害学生支援スタンダード集」
　　https://phed.jp/assets/pdf/sig/37CSW_standard.pdf

**車いす利用者がレストランの利用を 拒否されたケース**

**事例**

　私は、電動車いすを利用しています。私の家の近所に、新しくイタリアンのお店X店ができました。

　私は、オープンから３日目の12時頃、X店を訪ねました。

　X店は、テナントビルの１階にあり、店の入り口には段差が１段あり、店内はテーブル席が８席と、カウンター席が４席でした。

　私は段差を越えられなかったので、X店の前で、携帯電話でX店に電話をかけました。

　電話をしたところ、店員の女性が店の前に出てきて、「段差もあるし、テーブル席はイスが固定されているので、車いすの方は入れないです。」と断られました。

　私がX店の入り口を見たところ、段差は１段ですが、電動車いすの力だけでは段差を乗り越えられなさそうでした。ですが、私は、前輪を段の上に乗せるために持ち上げてもらい、前輪が段の上に乗ったら、後輪を持ち上げてもらって、電動車いすを操作して前進させ、後輪を段の上に乗せる方法で手伝ってほしいと考えていました。

　また、一番奥のテーブル席であれば、通路部分に車椅子を置いたままで食事ができそうでした。

**設問**

1　店員の女性に、事故があっては責任をとれないので、介助してくださる方と一緒でなければ、入店できませんと断られました。店員の女性の対応に問題はあるでしょうか。

2　店に食事に来ていたサラリーマンの男性が、店員の女性に手伝いを申し出てくれたようで、突然、その男性と店員の女性が

車いすの左右を持って二人がかりで持ち上げ、段差を越えました。相談者は、急に持ち上げられ、とても怖い思いをしました。店員の女性の対応に問題はあるでしょうか。

3　店員の女性に、12時から13時頃は人手が足りないので、今日は入店をしていただくことはできないが、前日までに連絡していただいて、店のオープンと同時の11時に来店してもらえれば、一番奥のテーブル席を空けておくことができるので、対応できると言われました。

店員の女性の対応に問題はあるでしょうか。

【論点】

・車いすの利用者に介助者の同行を求める場合の「正当な理由」の有無

・「合理的配慮」の決定プロセス

・レストランの利用にあたって、前日までの予約を求める場合の「正当な理由」の有無

・「過重な負担」の該当性

解説

## 1　介護者の同行を求めることは差別的取扱いにあたるか

### (1)　「差別的取扱い」の該当性

車いす利用者である相談者に、レストランに入店するのに介助者の同行を求めることは、障害者差別禁止法が禁止する「差別的取扱い」に該当するでしょうか。

介助者と一緒でなければ入店を拒否するという対応は、障害のない人に対しては付さない条件を付けているため、障害のある人の権利利益を侵害しており、「差別的取扱い」に該当します。

## ⑵　差別的取扱いが許される「正当な理由」の有無

　では、車いす利用者である相談者に介助者との同行を求めることには、「正当な理由」はあるでしょうか。

　「正当な理由」が認められるためには、客観的に見て正当な目的の下に行われたものであり、その目的に照らしてやむを得ないと言えること、すなわち客観的な根拠が必要です。

　確かに、電動車いすは、メーカーや材質によって重さも異なり、100kgを超えるものもあります。また、車いすの重さや、段差の高さによっては、女性一人で持ち上げられない可能性もあるでしょう。この店員の女性が入店できるように介助しなかった場合に、必ずしも「正当な理由」がないとはいえません。

　相談者としては、前輪を段の上に乗せるために持ち上げてもらい、前輪が段に乗ったら、後輪を持ち上げてもらって、電動車いすを操作して前進させ、後輪を段の上に乗せる方法により、段差を越えられると考えていました。店員の女性は、そのような相談者の要望について確認することもなく、介助者との同行を求めていました。

　店員の女性は、相談者の要望を聞き、車いすの重さや段差の高さを確かめ、自分で持ち上げられそうかどうか確認したり、持ち上げるのが難しそうな場合に、駐車場に、自動車用の段差解消スロープなど代替できそうなものはないか探してみたりするなどの対応はできたのではないでしょうか。

　相談者と対話することなく、「事故があっては責任がとれない。」と言って利用を断った店員の女性の対応には、客観的な根拠はありません。

　したがって、相談者に介助者の同行を求めることには、「正当な理由」はなく、「不当な差別的取扱い」にあたります。

## **2** 「合理的配慮の提供」について

　突然、店にいた男性と店員の女性が相談者の車いすの左右を持って二人がかりで持ち上げ、段差を越えました。店員の女性の対応は、相談者が段差を越えられるように「合理的配慮」をしたようにも見えますが、相談者は怖い思いをしています。

　店員の女性の対応は、どこに問題があったのでしょうか。

　提供されるべき「合理的配慮」の内容は、障害の種別や程度により異なり、個別性・多様性が高いものです。そこで、「合理的配慮の提供」にあたっては、「合理的配慮」を求めた側と求められた側が建設的対話を通して、「合理的配慮」の内容を調整することが求められます。

　店員の女性は、突然車いすを持ち上げてしまいましたが、相談者としては、まず、前輪を段の上に乗せるために持ち上げてもらい、前輪が段の上に乗ったら、後輪を持ち上げてもらって、電動車いすを操作して前進させ、後輪を段の上に乗せる方法をとってほしいと考えていました。

　店員の女性が、まず、相談者にどのような対応をしてほしいか確認していれば、相談者が怖い思いをすることはなかったのではないでしょうか。

　「合理的配慮」をするにあたっては、建設的な対話を踏まえることが不可欠といえるでしょう。令和6年4月1日より施行される基本方針においては、「合理的配慮の提供」にあたっては、「当該障害者本人の意向を尊重しつつ」、双方の建設的対話による相互理解を通じて柔軟な対応がなされる必要があるとして、障害者の意向を尊重すべきであることが明示されました。「障害」といっても、その特性は千差万別ですから、どのように対応すべきかを判断することは容易ではありません。その障害特性を一番知っているのは当事者本人です。障害者

本人の意向に必ず従わなければならないということはありませんが、対応を検討するにあたっては、まずは障害者本人の意向を検討するべきです。

## 3　事前連絡を求める対応は差別的取扱いにあたるか

### (1)　「差別的取扱い」の該当性

店員の女性は、「前日までに連絡していただいて、店のオープンと同時の11時に来店してほしい。」と言っていますが、障害者差別禁止法が禁止する「差別的取扱い」に該当するのでしょうか。

店員の女性は、サービスの提供にあたって、障害のない人には付していない「前日までの連絡」という条件を付し、時間帯を指定しているため、障害のある人の権利利益を侵害しており、「差別的取扱い」に該当します。

### (2)　差別的取扱いが許される「正当な理由」の有無

では、店員の女性の対応には、「正当な理由」はあるのでしょうか。

「正当な理由」の有無を判断するには、その場面に適合する合理的配慮が提供されたのかを検討する必要があります。

### (3)　「合理的配慮」の内容

まず、先に述べたとおり、「合理的配慮の提供」にあたっては、「合理的配慮」を求めた側と求められた側が建設的対話を通して、「合理的配慮」の内容を調整することが求められます。

店員の女性は、前日までに連絡してほしい、オープンと同時の11時に来店してほしいと伝えていますが、店員の女性としては、スムーズに入店する方法を考え、提案したのですから、その提案自体は問題がありません。

では、相談者が、「合理的配慮」として、車いすの前輪を持ち上げて段の上に乗せ、その後後輪を持ち上げ、段の上に乗せるという方法

で手伝ってほしいことを伝え、今日食事したいと話した場合にも、店員の女性がその日の入店を拒否して、前日までの連絡と11時に来店することを求めることに問題ないのか検討してみましょう。

### (4) 「過重な負担」の該当性

　店員の女性の対応に問題がないのか検討するにあたっては、相談者の求める「合理的配慮」の内容が、X店にとって「過重な負担」に該当しないかを検討する必要があります。

　まず、先に述べたとおり、車いすの重さや段差の高さなどから相談者の求める方法での介助が可能なのかを確認する必要があるでしょう。

　確かに、X店は、12席のお店ですから、店員の数も少ないことが予想されます。また、相談者が来店した12時はランチタイムで忙しい時間帯でしょう。慣れない車いすを持ち上げてほしいという要望を聞けば、事故が起きたらどうしようと考えるのも無理はありません。

　しかし、店員の女性が断ってしまえば、それは相談者を地域から排除することになります。「建設的対話」を通じて、どのようにすれば、障害のある人が地域社会に受け入れられることができるのか考えることが不可欠です。

　車いすの重さや段差の高さなどにもよりますが、相談者が店内に入ることができるよう介助することが「過重な負担」に該当しないことも十分考えられるでしょう。X店では、カウンター席とテーブル席がありますが、一番奥のテーブル席であれば、通路部分に車いすを置いたままで食事ができそうでした。相談者が来た時点で一番奥のテーブル席が空いていなかった場合、店員の女性は、相談者に一番奥のテーブル席が空くまで待ってもらえないかなどを聞いて、対話を重ね、対応すべきです。

## バリアフリー施策について

　バリアフリー施策の推進のため、バリアフリー新法が2006年12月20日に施行され、東京オリンピック・パラリンピックに向け、2018年に一部改定されました。この法律では、高齢者や障害者の建物や交通機関における移動を円滑にするため、利用者数や施設の規模により、駅や空港・ビル・ホテル・飲食店などの施設でバリアフリー化が義務付けられています。

　また、本事例の中に出てきたような段差がある場合、市町村の助成事業を利用し、簡易スロープを購入するという解決ができるかもしれません。例えば、仙台市では、令和4年度に、「合理的な配慮のための環境整備促進事業補助金」の募集があり、100万円を限度に、合理的配慮を的確に行うことを目的とした、自ら設置する設備の購入等に係る経費の4分の3を補助する制度がありました。このような制度は、全国のたくさんの自治体にあります。このような制度を使えば、少ない負担で、相談者を含めた車いすやベビーカーの利用者の方が利用しやすい店舗にすることができるのではないでしょうか。

施設利用 | 地域生活 | 情報保障

 **17 視覚障害のある人がジムでガイドヘルパーの同伴を拒否されたケース**

**事例**

　私は全盲です。普段の外出にはガイドヘルパーを利用しています。フィットネスクラブで運動したいと思い、入会を申し込みました。入会申込みの際に、「利用しに来るときには、ガイドヘルパーが同行し、室内を一緒に移動したり機器の使用の補助をしてもらいたい。」と伝えたところ、フィットネスクラブからは、「一人で機器を利用できる人のみに利用を限っている、ガイドヘルパーがいたとしても、実際に機器を使う時は一人なので危険だから、何かあった場合に責任を取ることができないため困る。」と断られました。

　その後、フィットネスクラブと話合いをして、「ガイドヘルパーと一緒に来てもいいが、一緒に入るガイドヘルパーも料金を支払ってもらう必要がある。」と言われました。しかし、ガイドヘルパーはクラブの中で私が安全に移動したり機器を使用したりするための補助をしてくれるだけで、ガイドヘルパー自身は運動をしに来ているのではないため、納得いきません。

**設問**

1　「ガイドヘルパーを利用するかたちでの入会を断る」というフィットネスクラブの対応に問題はないでしょうか。

2　「ガイドヘルパーの利用をしてもかまわないが、ガイドヘルパーの分の利用料も支払ってもらう」というフィットネスクラブの対応に問題はないでしょうか。

【**論点**】
‥‥‥‥‥‥‥‥‥‥‥‥‥‥‥‥‥‥‥‥‥‥‥‥‥‥‥‥‥‥‥‥‥‥‥‥‥

・介助者の付添いを理由とする利用拒否が、「障害を理由とする」差別にあたるか

・「合理的配慮」として介助者の施設利用料を免除することの「過重な負担」の該当性

**解説**
‥‥‥‥‥‥‥‥‥‥‥‥‥‥‥‥‥‥‥‥‥‥‥‥‥‥‥‥‥‥‥‥‥‥‥‥‥‥

## 1　ガイドヘルパーを利用しての入会を断るという対応の問題

○差別的取扱いにあたるか

　まず、相談者は、フィットネスクラブから、「一人で機器を利用できる人のみに利用を限っている。ガイドヘルパーがいたとしても、実際に機器を使う時は一人なので危険だから、何かあった場合に責任を取ることができないため困る」と入会を断られています。このようなフィットネスクラブの対応は差別解消法の定める「不当な差別的取扱い」（8条1項）に該当するでしょうか（第1章第1節**4**（p.5）参照）。

　相談者はガイドヘルパーを利用するかたちでの入会を拒否されていますので、「異なる取扱い」を受けたといえます。

　では、入会を拒否されたことは「障害を理由として」いるでしょうか。

　フィットネスクラブ側は、「一人で機器を利用できる人のみに利用を限っている」ということを入会拒否の理由にしており、「障害がある」ということを理由にはしていません。

　しかし、障害がある人が外出するときには、「ガイドヘルパー」等と呼ばれる、障害者の行動の介助を行う支援者が同行して外出することがあります。このような介助は、総合支援法の「同行援護」（5条4項）などの制度を利用している場合もあれば、ボランティアの方が行っている場合もあります。

　このような障害特性に応じた支援を利用していることを理由とする拒否についても、障害を理由として拒否することに該当します。基本方針においても、このような介助者の付添い等の社会的障壁を解消するための手段の利用等を理由として行われる「不当な差別的取扱い」も、「障害を理由とする」、「不当な差別的取扱い」に該当するとされています（第1章第1節4(2)（p.6）参照）。

　このように、本件ではガイドヘルパーの付添いを理由として入会を拒否されており、このような取扱いの差は障害を理由とする差別的取扱いであるということになります。

　では、この取扱いに「正当な理由」はあるかを検討してみましょう。

　フィットネスクラブ側からは、「ガイドヘルパーがいたとしても、実際に機器を使う時は一人なので危険だから、何かあった場合に責任を取ることができないため困る」という理由が示されています。

　しかし、そもそも「何かあったら」という抽象的な危険性を理由に断ることは許されず、具体的場面や状況に応じて総合的・客観的に判断することが必要です。

　利用者を機器がある場所に案内し、どういう使い方をするのか教えることは、フィットネスクラブを利用する人が誰であっても行っていることでしょう。ガイドヘルパーを利用している視覚障害者は、様々な場面で日常的にガイドヘルパーの介助を受けて様々な機器を使用したり、動いたりしています。フィットネスクラブとしては、ガイドヘルパーに対して、他の利用者と同じように機器の使い方を伝えればよく、そのガイドヘルパーが視覚障害のある人に対し、実際に機器に触ってもらって使い方を伝え、見守ることで、視覚障害のある人も安全に施設を利用することができます。

　ガイドヘルパーを利用することを理由に、入会拒否をすることは、「正当な理由」にはあたらないといえます。

　このように、ガイドヘルパーを利用する形での入会を拒否すること
は、障害を理由とする「不当な差別的取扱い」に該当します。

> **2　ガイドヘルパー分の料金も求める対応の問題**

　相談者は、ガイドヘルパーは自分の障害特性のための支援であると
して、フィットネスクラブをガイドヘルパーと一緒に利用する際のガ
イドヘルパー分の料金を支払わなくてもよいのではないかと主張して
います。

　これは、「同行するガイドヘルパーには利用料がかからないように
する」という「合理的配慮の提供」を求める「意思の表明」といえます。

　フィットネスクラブがこの「合理的配慮の提供」を断ったことが、
差別解消法上の「合理的配慮の不提供＝差別」といえるかは、相談者
が求める「同行するガイドヘルパーには利用料がかからないようにす
る」ことが、フィットネスクラブにとって「過重な負担」に該当する
かどうかが問題となります。

　「過重な負担」に該当するかどうかは、事務・事業への影響の程度（事
務・事業の目的・内容・機能を損なうか否か）、実現可能性の程度（物
理的・技術的制約、人的・体制上の制約）、費用・負担の程度、事務・
事業規模、財政・財務状況を考慮要素として判断されます（**第1章第
1節5**(3)（p.9）参照）。

　これについて、フィットネスクラブからは、一緒に来ている人が本
当にガイドヘルパーなのかわからない、もし無料で同行できる例を
作ってしまえば、本当はヘルパーではないのに嘘をついて利用する人
が出てしまうのではないか、そうなると事業への影響が大きいなどと
いう理由が示されることが考えられます。

　しかし、これに対しては、同行しているガイドヘルパーは機械を
使ってはいけないというルールを決めたり、一緒に来ている人がガイ

ドヘルパーであるか否かを確認することで対応することができます。事業所から発行されている身分証明書を提示することを求めたり、ヘルパー事業所からの身分証明書が発行されていない場合であっても、フィットネスクラブへ同行するガイドヘルパーを何名か事前に登録しておき、利用の際に受付でガイドヘルパーに身分証明書の提示をしてもらい本人確認をするという程度であれば、フィットネスクラブの受付担当者にも負担が少ないのではないかと思われます。

　受付担当者のいないフィットネスクラブであれば、ガイドヘルパーを登録する際に当該ヘルパー用の利用者証を発行すればよいでしょう。

　フィットネスクラブの利用定員が少ない場合であっても、ガイドヘルパー自身は機器を使うことはないので、ガイドヘルパーが施設内に入るために利用者の入店数を減らす必要はないと考えられます。

　このように、ガイドヘルパーの利用料をかからないようにすることはフィットネスクラブとして「過度な負担」ではないといえるケースが多そうです。フィットネスクラブとしては、どのような方法をとることで、双方がより負担なくガイドヘルパーを同行できるのか、相談者と話合いをして決めるという対応をすべきであるといえます。

## 自治体の施策の紹介

　現在多くの都道府県や市町村では、障害者差別に関する相談窓口が設置されています。一般的には障害者からの差別相談に応じる窓口と捉えられていますが、それだけではなく、事業者や、（障害福祉課以外の）行政機関等において「合理的配慮」が求められた場合に、事業者・行政機関等側の相談に乗る役割も期待されています。事業者・行政機関等側のニーズに応える窓口を作ることによって、「合理的配慮の提供」が一層しやすくなります。

　今回の相談者のように、普段あまり障害のある人と接していない事業者が、顧客等から「合理的配慮の提供」を求められても、慣れていないがためにどのような障害にどのような配慮をするとよいのか分からない場合は、都道府県や市町村の障害者差別に関する窓口に相談してみるとよいでしょう。

| 施設利用 | 地域生活 | 無理解・偏見 |

# 18 知的障害のある人がネットカフェの利用を拒否されたケース

**事例**

　私は、ネットカフェの店員です。常連客のＡさんについて相談があります。

　Ａさんには中等度の知的障害があり、療育手帳を取得しています。

　Ａさんは、うちの店でマンガを読んだり、DVDを見たりして１日を過ごすことが大好きです。また、とても人なつっこく、世話焼きの性格なので、他のお客さんがドリンクでテーブルを汚すのを見つけると、見ず知らずの客であっても飛んで行って「大丈夫ですか!?　拭きますね！」と話しかけて、布巾で掃除をしてくれます。

　私も、最初のうちはこの様子をほほえましく見ていました。ところが、客によっては、ドリンクを少しこぼしただけで、全然知らないＡさんから急に話しかけられることを不快に思う人もいて、クレームになることもしばしばでした。私は、「１人になりたい人もいるし、掃除はお店の仕事だから、他のお客さんに話しかけるのは遠慮してもらえないかな。」と注意しました。Ａさんは、「わかった！」と元気良く返事してくれました。

　ところが、その翌日も、Ａさんは以前と同じように、テーブルを汚す客がいると飛んで行って拭いてくれました。私がそわそわしていると、案の定お客さんからクレームになりました。私も、またＡさんに注意し、Ａさんは「わかった！」と良い返事をするのですが、Ａさんはやっぱりテーブルを汚すお客さんが気になるようで、拭きに行ってしまいます。

　私はとうとう業を煮やしてしまって、Ａさんに、「私たちが何度注意しても理解できないなら、もうこのお店に来ないでくれるかな。」と話しました。Ａさんは、自分が悪いことをしているとはまったく思っていなかったので、「なんで!?なんでなんでなんで!?」とショックを受けてしまいました。

1　相談者がAさんに対して「もうこのお店に来ないでくれるかな。」と伝えた対応には、どのような問題があるでしょうか。

2　相談者の対応に、正当な事由はあったといえるでしょうか。

**【論点】**

・「正当な理由」の判断における「合理的配慮の不提供」

・知的障害のある人の「意思の表明」

・知的障害のある人に対する「合理的配慮」の具体例

**解説**

## 1　相談者がAさんに対して「もうこのお店に来ないでくれるかな。」と伝えた対応にはどのような問題があるか

今回、相談者は、Aさんに対して、「この店には来ないでくれ。」と言っています。これは、Aさんに対して、ネットカフェのサービスを提供することを拒否するもので、典型的な「不当な差別的取扱い」案件といえるでしょう。このため、相談者の言動は、原則として禁止されている「不当な差別的取扱い」にあたる、と考えられます。

ただし、例外的に「正当な理由」があれば、障害のある人に対するサービス利用拒否も適法になり得ます。

## 2　ネットカフェの対応に、正当な理由はあったといえるか

### (1)　「正当な理由」の考慮要素

では、本件において例外となり得る「正当な理由」があるでしょうか。

内閣府の「基本方針」第2－2「不当な差別的取扱い」によると、様々な事情を総合的に考慮した結果、

① サービス提供を拒否する目的が客観的に見て正当な目的があり、

② その目的に照らしてサービス提供拒否がやむを得ない

といえる場合には、「正当な理由」があるといえます（詳細は**第1章第1節4**(2)（p.6）参照）。

この「総合的に考慮」する事情の中には、「その場で求められる合理的配慮を提供したといえるかどうか」も含まれます。障害のある人が、本来受けられるべき「合理的配慮の提供」を受けていれば、サービス提供拒否までしなくても済む、という場面は多々あるからです。

例えば、電動車いすの人がエレベーターに乗ろうとしたとします。ところが、来たエレベーターには既に人が半分以上乗っていたので、電動車いすは乗れませんでした。これだけ見ると、スペースがないのだから電動車いすが乗れないのは仕方がないじゃないか、「正当な理由」があるじゃないか、と思います。ところが、既に乗っていた人が歩ける人であれば、エスカレーターを利用して上の階へ行くことはできます。そこで、歩ける人が、「エレベーターから下りて別の方法で上の階へ行く」という「合理的配慮」を提供することで、スペースを作り、電動車いすの人を乗せることができるはずです。

一方で、ベビーカーを押している親や、シルバーカーを押している高齢者が先に乗っていた場合、この人たちに階段やエスカレーターで移動してもらうことは酷なので、電動車いすの人がそのエレベーターに乗れないことについては「正当な理由」がある、と考えられます。

同じ「満員のエレベーターに電動車いすが乗れなかった」という場面一つとっても、個別事情によって電動車いすの人を乗せられないことが差別にあたるかどうかの結論は変わることになります。

このように、「不当な差別的取扱い」でも「正当な理由」がある、といえるかどうかを考える中で、その場面に適合する「合理的配慮」

が提供されたのかを検討する必要があります。

(2)　**本件で考えられる「合理的配慮」の提供**

「合理的配慮」の内容が決まるまでのプロセスについては、**第1章第1節5**(4)（p.10）に詳細を説明していますので、そちらをご覧ください。

ここでは、総論で紹介したプロセスに沿って、本件で提供できた合理的配慮の内容を検討していきます。

①　**Ａさんからの「現に社会的障壁の除去を求める意思表示」**

さて、今回の事例では、Ａさんはネットカフェに対して、特に何をしてほしいとお願いをしているわけではありません。そうすると、そもそもＡさんが「合理的配慮の提供」を求めていないので、検討する必要もないのではないか、という気がしてきます。

しかし、障害者は、障害の特性や社会からの抑圧に長年さらされてきた状況などから、困っていることをはっきりと「困っている」と伝えることが非常に難しいものです。このため、基本方針においても、「意思の表明が困難な障害者が、家族、介助者等を伴っていない場合など、意思の表明がない場合であっても、当該障害者が社会的障壁の除去を必要としていることが明白である場合には、法の趣旨に鑑みれば、当該障害者に対して適切と思われる配慮を提案するために建設的対話を働きかけるなど、自主的な取組に努めることが望ましい」とされています。状況的に、明らかに障害のために困っているだろう、という様子が見て取れる場合は、障害者が「放っておいて」と言って拒んでいない限りは、「合理的配慮の提供」に向けた検討をすべきです。

②　**Ａさんに必要とされる配慮**

では、Ａさんに具体的に必要とされる配慮とはどのようなものでしょうか。

Ａさんの障害は、知的障害です。ということは、自分の困っている

ことを整理して伝えることが難しいことが予想されます。また、ネットカフェで当然守られるべきルールを自分のこととして理解するにも、普通に説明をするだけでは難しいでしょう。そうすると、まず、ネットカフェのルールを理解してもらうためにコミュニケーションに工夫が必要、ということになります。この、「コミュニケーションの工夫」が、Ａさんが必要とする「合理的配慮」ということになります。

　③　ネットカフェにとって「過重な負担」にあたるか

　もしあなたがネットカフェの相談者であれば、慣れない知的障害者とのコミュニケーションの工夫のノウハウを持っているはずもなく、そんなことを求められてもどうしようもない、そんな負担は重すぎる、と思うかもしれません。そこで、**第1章第1節5**(3)（p.9）の考え方に沿って、本件で「過重な負担」があるかどうかを見ていきましょう。

　「どうすればいいかわからない」といったノウハウの側面での負担は、「実現可能性の程度」の中で判断することになり得ます。調べる努力をする前から、「どうすればいいかわからないのでできない」という対応をすると、「なぜ過重な負担なのか」を障害者に説得的に説明することができません。分かる範囲で、きちんと調べましょう。

　こうしたことの相談先としてまず考えられるのが、最寄りの自治体の障害者差別の相談窓口です。令和3年度の法改正により、国と地方自治体には、相談や紛争防止のための措置を強化することが求められています。主に都道府県に相談窓口が設けられていることが多く、そうしたところへ相談すれば、コミュニケーション支援の助言を得ることができるはずです。

　もしあなたが、ネットカフェから相談を受けた自治体職員であれば、Ａさんの障害特性に応じてどのような説明をすれば理解が進むか、助言をすることが求められます。もしＡさんに相談支援専門員などが付いている場合は、そうした人と連携を取りながら、コミュニケーショ

ンが円滑に進むように連絡・調整してみるとよいでしょう。

　④　障害者の納得

　「こぼした水滴を掃除してくれるのはありがたいけれど、他のお客さんに突然話しかけてもらっては困る」というネットカフェ側のルールを、Ａさんに理解してもらうように説明し、理解することができれば、Ａさんは引き続きネットカフェを利用することができるはずです。

　そこで、Ａさんの知的障害の特性を見ながら、例えば絵を描いたカードを作り、どういう場合に、何をしてはいけないのかという説明を、相談支援専門員などと一緒にじっくりとしてみましょう。知的障害のある人の中には、言葉よりも絵で説明する方がずっとよく伝わる方が多いのです。そして、「やってはいけないこと」を具体的に言葉にしてルールとして共有しておきます。このように、「普通なら分かるでしょ」と思われることも丁寧に確認しておくことで、Ａさんの状況への理解が深まります。Ａさんとしても、おせっかいは好きだけれど、それをすることでネットカフェが利用できなくなるくらいなら控える、という判断になる可能性が高いのではないでしょうか。

**19　知的障害のある人が自治会の班長への
就任を求められたケース**

**事例**

　私は知的障害があり、X町で一人暮らしをしています。

　私の住む地域では自治会があり、班長は1年交代で、持ち回りで次期班長を選ぶことになっています。自治会は、夏祭りなどの地域のイベントを運営したり、ゴミステーションの管理をしたりしています。班長の仕事は、自治会費を集めたり、回覧板を回したり、会議の運営をしたりすることです。私も自治会に入っており、ゴミステーションを使っていますし、毎年の夏祭りを楽しみにしています。

　しかし、私としては、お金の計算をするのが難しかったり、回覧板を回し忘れたりしてしまいそうなため、一人で班長をするのは難しいと考えています。

　そこで、私から、自治会に「自分には知的障害があり、班長をするのに不安があります。班長の順番を飛ばしてもらえませんか。」と伝えたところ、自治会から「特別扱いはできない。」、「あなただけ順番を飛ばすのは不公平になる。」と告げられました。

　さらに、自治会側から「班長をしないというなら、今後、回覧板は回さないし、ゴミステーションも使わせない。」とも告げられました。

**設問**

1　知的障害のある相談者にも持ち回りで一律に自治会の班長を割り当てることは「不当な差別的取扱い」にあたるでしょうか。

2　知的障害のある相談者に持ち回りで班長が回ってくるという状況において、自治会はどのような対応をすべきでしょうか。

3　自治会が相談者に対し「班長をしないと言うなら、今後、回

覧板は回さないし、ゴミステーションも使わせない」とすることはどのような問題があるでしょうか。

【論点】

・知的障害のある相談者に対し一律に班長を割り当てることの「不当な差別的取扱い」の該当性
・障害を理由とする班長の割り当て免除が「合理的配慮」として認められるか（優遇措置と「過重な負担」）
・自治会への参加と「合理的配慮」の在り方
・回覧板やゴミステーションの使用拒否の「不当な差別的取扱い」の該当性

解説

**1　障害者に自治会班長を割り当てるのは差別的取扱いにあたるか**

⑴　自治会は「事業者」にあたるか

本事例の自治会は、住民から自治会費を集めて、回覧板を回したり、住民が使うゴミステーションの維持管理をしたりしており、反復継続して事業を行っているといえるため、「事業者」（差別解消法2条7号）にあたります（第1章第1節2⑶（p.4）、第2章20【精神障害のある人向けのグループホームの開設に周辺住民が反対したケース】（p.147）参照）。

⑵　持ち回りによる自治会の班長の割当てが「不当な差別的取扱い」になるか

知的障害のある相談者は、お金の計算をするのが難しかったり、回覧板を回し忘れたりしてしまいそうなため、一人で自治会の班長をするのは難しいと考えており、自治会に対し、持ち回りで決める班長の

対象から外してほしいと求めています。これに対し、自治会としてどのように対応すればいいでしょうか。

自治会が知的障害のある相談者に対しても一律に持ち回りで班長を割り当てることは障害者差別解消法にいう「不当な差別的取扱い」にあたるでしょうか。

この点、自治会が、知的障害のある相談者に対し、一律に持ち回りで班長を割り当てることは、障害を理由に何かを拒否する、制限する、条件を付けるなどの異なる取扱いをするものではありません。元々の自治会のルールによれば、障害のある人もない人も、持ち回りの順番が来れば班長になるのであり、障害の有無にかかわらず同一の取扱いをしているといえますので、「不当な差別的取扱い」にはあたりません。

## 2 自治会ではどのような対応をすべきだったか

### (1) 持ち回りから除外することを「合理的配慮」として求められるか

相談者は、知的障害を理由に、「合理的配慮」として、自治会に対し、持ち回りで決める班長の対象から外すことを求めることができるでしょうか。

相談者は、障害を理由に、「班長の持ち回りの対象から外してほしい。」と求めていますが、元々の自治会のルールによれば、障害のある人もない人も、持ち回りの順番が来れば班長になるのであり、障害を理由に班長の順番を飛ばすというのは、障害を理由とする優遇措置を求めていることにほかなりません。

障害を理由とする優遇措置は、障害を理由に異なる取扱いをするものですが、内閣府の基本方針では、「障害者の事実上の平等を促進し、又は達成するために必要な特別の措置は、「不当な差別的取扱い」ではない」とされています。

そのため、障害のある相談者の班長の順番を飛ばすことも禁止され

るわけではなく、自治会の判断で、「合理的配慮」として相談者が班長をすることを免除することは可能です。

### (2)　自治会にとって班長の免除が「過重な負担」となる場合

しかし、昨今、高齢化や人口減少、地域のつながりの希薄化などにより、自治会の班長のなり手が不足する地域が増えています。そのような中で、障害を理由に班長の順番を飛ばすことを認めると、他の住民の負担が重くなり、他の住民から不満の声が出るなど、自治会の運営に困難を来たす場合も考えられます。自治会の規模や年齢構成、自治会が行っている事業の内容などにもよりますが、上記のような場合には、障害を理由として班長の仕事を一律に免除することが自治会にとって「過重な負担」になることも考えられます。

そのような場合には、自治会が拒否している場合に、相談者の方から、「合理的配慮」として、班長の持ち回りから外すことを求めることは難しいといえるでしょう。

### (3)　自治会への参加と「合理的配慮」の在り方

自治会にとって単純に相談者を持ち回りから相談者を外すことが過重な負担となる場合、相談者は一人で班長の仕事をしなければならないのでしょうか。

ここで、ある配慮や取組が事業者にとって「過重な負担」となる場合、事業者は何もしなくてよくなるわけではなく、社会的障壁を除去するため、「代替措置の選択も含め、双方の建設的対話による相互理解を通じて、必要かつ合理的な範囲で、柔軟に対応」すべきです（内閣府の基本方針）。

そこで改めて相談者の訴えを見ると、相談者は必ずしも班長をやりたくないと言っているのではなく、お金の計算をするのが難しかったり、回覧板を回し忘れたりしてしまいそうなため、「一人で班長をするのは難しい」と言っています。

　逆にいうと、これらの点について何らかの自治会側のサポート、即ち「合理的配慮」があれば、相談者が班長の仕事をすることも可能といえるのではないでしょうか。

　例えば、お金の計算について自治会の他のメンバーが手伝う、回覧板を回し忘れないよう、誰かが補助する、といったことです。

　あるいは、相談者が班長をしなくても、相談者が自身の能力を生かせる別の自治会の仕事をすることで、他の住民の負担も軽くなり、相談者が班長をしないことの理解を得られる、ということも考えられます。班長の仕事をしない代わりに、例えば夏祭りなどの地域のイベントで音楽や絵画など、相談者の得意なことを披露する、ゴミステーションの清掃に積極的に参加する、といったことです。

　「合理的配慮」は個別性、多様性が高いものであり、あるべき「合理的配慮」として唯一の答えがあるわけではありません。双方で建設的対話を重ねる中で、代わりとなる方法を探し、合意点を見つけていくことが大切です。そのようなプロセスによって、障害のある人の実質的な平等が確保されますし、何より相談者と自治会がお互い良い関係を築いていくことができるようになります。

　この点、内閣府策定の基本方針にも「建設的対話による相互理解」という表現が盛り込まれており、障害者の意向を十分に尊重して「合理的配慮」の内容を定め、実施する必要があるとされています。

　以上によれば、自治会が相談者との建設的対話を拒否し、「過重な負担にあたるので一人で班長をせよ」との対応に終始した場合、「合理的配慮の不提供」として差別に該当することになります。

## 3　自治会が相談者に告げた内容についての問題は

(1)　**回覧板やゴミステーションの使用拒否と「不当な差別的取扱い」**

　事例において、相談者は、「自分には知的障害があり、班長をする

のに不安がある。」と言ったところ、自治会側から「班長をしないというなら、今後、回覧板は回さないし、ゴミステーションも使わせない。」と告げられています。

　回覧板は、自治会の決定事項やイベント開催のお知らせ、また安全・防犯・防災情報など、地域生活に関係する情報を順番に回覧し、関係者全員で共有するためのものです。これが回覧されないと、地域社会から排除され、生活に支障が出かねません。また、ゴミステーションを通じたゴミ収集が利用できないとなれば、日常生活に大きな不利益が生じることでしょう。障害の有無にかかわらず地域社会で生活する権利は、憲法13条、14条1項、22条1項などにより保障される人権といえますが、回覧板やゴミステーションが利用できないということは、やはり地域社会から排除されるということにほかなりません。

　そうすると、知的障害のある相談者に対して、回覧板やゴミステーションの利用といったサービスの提供を拒否することは、障害のある人の地域社会で生活する権利を侵害するものとして「不当な差別的取扱い」にあたる可能性があります。

### (2)　正当な理由

　次の問題は相談者が「班長をしない」ことが、自治会によるサービス提供拒否の「正当な理由」にあたるか否かですが、上記のように、建設的対話を行わず、何らの「合理的配慮」も提供しないまま、持ち回りの順番に従って一律に相談者にも班長を割り当てることは、「合理的配慮の不提供」として差別に該当します。

　そうであれば、事例のように「班長をしない」ことを理由に自治会が相談者に対し回覧板を回さなかったり、ゴミステーションを使わせなかったりすることに「正当な理由」はなく、「不当な差別的取扱い」に該当することになります。

地域生活 無理解・偏見

 **20** 精神障害のある人向けのグループホームの開設に周辺住民が反対したケース

**事例**

1 　Aさんは精神障害者の支援をしており、精神障害のある当事者が暮らす場が必要なため、グループホームの開設を計画しています。知り合いのBさんが、「空き家になっている一戸建ての家を賃貸で提供するので、グループホームとして利用してはどうか。」と提案してくれ、静かな場所で当事者の人たちも大喜びでした。ところが、念のため地元の自治会にグループホーム開設の相談をしてみたところ、自治会からは、「精神障害者に住まわれたら小さい子どもたちが怖い思いをする。」、「事件でも起こされたらどうする、責任とってくれるのか。」、「地域の評判が下がるから他所でやってくれ。」、「絶対に認めない。」と言われてしまいました。グループホームを開設することは諦めなければならないのでしょうか。

2 　グループホームを開設するため、市に事業者指定を申請したところ、市から「地元の自治会がグループホームの開設に納得していないので、事業者指定はできない。自治会にグループホーム開設について説明して、同意を得てください。そうしなければ指定はできません。」と言われてしまいました。今のところ自治会はグループホーム開設に同意してくれそうにありませんが、グループホームを開設することは諦めなければならないのでしょうか。

**設問**

1 　自治会の反対運動は差別解消法にいう差別にあたるでしょうか。

2 　市がグループホームの開設にあたり地元の自治会の同意を要件とすることは差別にあたるでしょうか。

【論点】
・自治会の「事業者」の該当性
・自治会がグループホームの開設を認めない行為の「不当な差別的取扱い」の該当性
・市がグループホームの開設にあたり地元の自治会の同意を要件とすることの「不当な差別的取扱い」の該当性

**解説**

## 1　自治会の反対運動は差別にあたるか

### ⑴　自治会が「事業者」にあたるか

　自治会は、一定の区域に住所を有する者によって形成される団体で、地域住民の親睦、福祉、防犯、文化等に係る諸活動を行う団体です。区域に住所を有する者で加入を希望する者によって構成されますが、加入しない自由もあるので、任意加入団体といえます。

　自治会は、いわゆる「権利能力なき社団」であるとされ、その資産は構成員に総有的に帰属します（なお、総有とは、その物の管理・処分などの権限は、多数の者で形成する団体自体に属し、各団体員はその物を使用・収益する権限を有するに留まるという共同所有の形態です。各構成員は持分を有さず、また分割請求権もありません）が、法人格を有しないため、土地、集会施設等の不動産を団体名義で登記することはできません。もっとも、地方自治法260条の2の要件を満たして、市町村長の認可を受ければ、地縁団体として法人格を取得でき、不動産を団体名義で登記できるようになります。

　いずれにしても、本件における自治会は、反復継続して事業を行っているといえるため、「事業者」（差別解消法2条7号）にあたります（第1章第1節**2**⑶（p.4）参照）。

(2) 自治会がグループホームの開設を認めない行為が「不当な差別的取扱い」にあたるか、そもそもグループホームの開設に自治会の同意が必要か

① グループホームとは

グループホームとは、障害のある人が3〜4人などの少人数で、世話人などから生活や健康管理面でのサポートを受けながら、共同生活を営む住宅のことです。マンションやアパート、戸建てなど一般の住宅を利用し、社会福祉法人やNPO法人、医療法人などが設置します。グループホームは総合支援法では「共同生活援助」として定められています（総合支援法5条17項）。

グループホームは入居者にとっての「家」であり、そこでは入居者同士が協力し合って暮らします。

入居者は、平日の日中は職場や作業所に通勤・通所したり、病院や施設のデイケア等に通ったりし、帰宅後は食事をとったり、入浴したりするなど障害のない方と同様の生活を行います。

現在、障害があって施設や病院で暮らす人でも、地域で支援を受けつつ共同生活を送ることができる人がたくさんいます。また、自宅で家族の支えを受けながら生活している人でも、親の高齢化などで今後の生活に大きな不安を抱えている人が多くいます。

そういった人たちに暮らしの場を提供するグループホームは、障害のある人の地域生活のために欠かせないものであり、大変重要な役割を果たしています。

② 自治会のグループホーム反対運動と「不当な差別的取扱い」

では、自治会がグループホームの開設を認めない行為が「不当な差別的取扱い」にあたるでしょうか。

この点、障害者に対して、「正当な理由」なく、障害を理由として、サービスや各種機会の提供を拒否することなどにより、障害者の権利

利益を侵害すると、「不当な差別的取扱い」となり、原則として禁止されます。

しかしそもそも、障害のない人がある市町村のある地域に新たに家を建てたり、引越したりするときに、市町村がその地域の自治会にいちいち同意を得るように求めることはありません。そうであれば、障害のある人についても同じように考えるべきであり、障害者の住まいである障害者グループホームを開設したり、グループホームへ新たに障害当事者が居住したりすることについて、自治会の同意を必要とする取扱いは許されません。自治会や近隣住民の同意がなくても、自由に障害者グループホームを開設できるということです。

そうであれば、いくら自治会が反対しようが、Aさんはグループホームを開設でき、法的には何ら自治会の意見に左右されないということになります。

そうすると、自治会のグループホーム反対運動によっても、Aさんの権利利益の侵害はないので、自治会の行為は「不当な差別的取扱い」にはあたりません。

> **2** 市がグループホームの開設にあたり地元の自治会の同意を
> 要件とすることは差別にあたるか

### (1) 「不当な差別的取扱い」にあたるか

グループホームの開設に必要な事業者指定を受けるためには、中核市や政令指定都市の場合は市、それ以外は都道府県の認可を受ける必要があります。

本件で、市は自治会の同意がないことを理由に事業者指定を拒否していますが、自治会は、「精神障害者に住まわれたら小さい子どもたちが怖い思いをする。」などと言って、精神障害を理由としてグループホームの開設に反対し、障害当事者らがその地域で暮らすことを拒

否しています。このような自治会の言い分を前提とする市による事業者指定の拒否は、精神障害のある人の居住・移転の自由を侵害するものといえ、障害を理由とする「差別的取扱い」に該当します。

そのため、かかる取扱いは「正当な理由」がない限り許されないこととなります。

### (2) 「正当な理由」はあるか

では、例外として許される「正当な理由」があるでしょうか。この事例では、自治会は「精神障害者に住まわれたら小さい子どもたちが怖い思いをする」、「精神障害者は事件を起こしやすい」などとしてグループホーム開設に反対しています。しかし、犯罪白書（令和5年版）によれば、検挙人員に占める「精神障害者およびその疑いのある者」の割合は0.8%で、精神障害者の人口比約4％と比べて、むしろ低いといえます。精神障害があるからといって、犯罪を犯しやすいわけではありませんので、自治会の主張には具体的、客観的根拠は存在しません。また「地域の評判が下がる」などというのは、障害に対する無理解、偏見の表れといえ、仮に「評判が下がる」のが事実であったとしても、そのような理由でグループホームの開設に反対することは偏見や差別を助長することとなり不当です。むしろ無理解、偏見を無くしていくことが大切です。

したがって、これら自治会の言い分を理由に市が事業者指定を拒否することに「正当な理由」はない、ということになります。

### (3) グループホームの普及、啓発に関する市町村の責務

以上に関連し、総合支援法はグループホームの普及、啓発に関する市町村の責務を定めています。

同法では、市町村は、障害者が自ら選択した場所に居住し、又は障害者若しくは障害児が自立した日常生活又は社会生活を営むことができるよう、必要な自立支援給付及び地域生活支援事業を総合的かつ計

画的に行う責務を有するとされています。つまり市町村としては、障害者の住みかとなる障害者グループホームの開設を総合的かつ計画的に行う責務があります（同法2条1項）。

　市が障害者グループホーム開設のために事業者と当事者・支援者の間に入って調整したり、情報提供をしたりすることは有益であり、上記責務を果たすものとして望まれます。

　更に、内閣府が制定した基本方針によれば、「国は、グループホーム等を含む、障害者関連施設の認可等に際して、周辺住民の同意を求める必要がないことを十分に周知するとともに、地方公共団体においては、当該認可等に際して、周辺住民の同意を求める必要がないことに留意しつつ、住民の理解を得るために積極的な啓発活動を行うことが望ましい」とされています。国も、グループホームを開設する際に、自治会等周辺住民の同意を得る必要はないとしているのです。

　以上によれば、市としてはグループホームが開設されることを前提に、グループホーム運営者と自治会との間の対話を促すべきです。その際、地域住民の反対があることを考慮要素とし、同意がないと開設を認めない、というような運用をすることは法的に誤りであり、許されません。また、市としては、グループホームの意義や開設の必要性について、地域住民に説明をする機会を設けるなどして、丁寧に理解を求めていくべきです。

　このように、市もグループホームの普及、啓発に関する責務を十分に果たした上で、できることなら自治会や周辺住民の理解も得て、グループホームの開設に至ることが期待されます。

## 差別とは（障害者権利条約と差別解消法）

1　日本は2014年に障害者権利条約を締結し、同条約は日本について効力を生じています。

　　同条約2条は「障害に基づく差別」を「障害に基づくあらゆる区別、排除又は制限であって、政治的、経済的、社会的、文化的、市民的その他のあらゆる分野において、他の者との平等を基礎として全ての人権及び基本的自由を認識し、享有し、又は行使することを害し、又は妨げる目的又は効果を有するものをいう。障害に基づく差別には、あらゆる形態の差別（合理的配慮の否定を含む。）を含む。」と定義し、5条2項で「締約国は、障害に基づくあらゆる差別を禁止するものとし、いかなる理由による差別に対しても平等かつ効果的な法的保護を障害者に保障する。」と定めています。

　　障害者権利委員会は「第5条：平等及び無差別に関する一般的意見第6号（仮訳）」を公表していますが、その18項で「あらゆる差別」を禁止する義務には「あらゆる形態の差別が含まれる」とし、「個人の尊厳を侵害することを目的として、又はそのような効果を上げるために、及び威圧的な、敵意に満ちた、品位を傷つける、屈辱的な又は攻撃的な環境を創造するために、障害その他の差別禁止事由に関連した望ましくない行為」すなわち「嫌がらせ（ハラスメント）」も、差別の形態に含まれると明確に定めています。

　　障害に基づく差別の背景に、社会の根底に流れる偏見ともいうべき固定的な観念や否定的な態度がいまだに存在しています。ネット上での書き込みを含むヘイトスピーチやグループホームの反対運動が、いまだに跡を絶ちません。「嫌がらせ（ハラスメント）」が障害に基づく差別であって違法な行為であるということが、明確に認識される必要があります。

2　日本は障害者権利条約の締約国として、同条約を実施する国内法

を整備する義務を負います。同条約の締結にあたって、日本は障害者基本法を改正、差別解消法を制定し、「不当な差別的取扱い」と「合理的配慮の不提供」を差別として禁止するに至りました（障害者基本法4条、差別解消法7条、8条）が、「嫌がらせ（ハラスメント）」が「不当な差別的取扱い」にあたるか否かについては明らかではありません。差別解消法7条1項、8条1項は「不当な差別的取扱いをすることにより、障害者の権利利益を侵害してはならない」と定めていることから、ケースによっては、特定の障害者の権利利益を侵害していないとして「不当な差別的取扱い」にあたらないとされる可能性もありえます。しかし、差別解消法は障害者基本法を具体化した法律であるところ、障害者基本法4条1項は「差別することその他の権利利益を侵害する行為をしてはならない」と定め、「権利利益を侵害する行為」には「差別すること」が含まれると明示していますので、「不当な差別的取扱い」（差別）が認められれば、「権利利益の侵害」も認められるとも解されます。

　いずれにしても、日本は同条約を締結していますので、同条約が禁止する「嫌がらせ（ハラスメント）」も明確に禁止する法整備をすることが強く求められます。全国各地で条例化していくことも有益でしょう。もっとも、日本国憲法98条2項は「日本国が締結した条約及び確立された国際法規は、これを誠実に遵守することを必要とする」と定めており、障害者権利条約を裁判規範として国家賠償法上の賠償責任を認めた高等裁判所の判決が既に二つ出されています（高松高裁令和2年3月11日判決、ジュリストNo.1575・151、名古屋高裁令和4年11月15日判決、実践成年後見No.103・4、なお、田門浩「「ビジネスと人権」と障害者権利条約」NBL1239.51）。

　相談にあたっては、差別解消法の規定のみならず障害者基本法の規定や障害者権利条約についても十分に留意する必要があります。

**視覚障害のある人が不動産の賃貸を
断られたケース**

### 事例

　私には全盲の視覚障害があります。これまでは、両親と一緒に生活してきたのですが、就職の関係で、親元を離れて一人暮らしをすることになりました。

　民間のアパートを色々探しているのですが、賃貸借の申込みをしても断られてしまい、なかなか借りられる部屋が見つかりません。

　ようやく借りられる部屋が見つかったのですが、その部屋にはビルトインタイプのシステムキッチンでガスコンロが設置されていました。火を使うことには不安があるので、IHに付け替えてもらいたいと思うのですが、大家さんからは、「自分の費用負担で替えてほしい」と言われています。やはり、大家さんにここまでお願いをすることはできないのでしょうか。

### 設問

1　障害を理由に入居を断ることは許されるのでしょうか。

2　IHコンロを入居者の負担で替えてほしいという大家の対応には問題があるのでしょうか。

【論点】‥‥‥‥‥‥‥‥‥‥‥‥‥‥‥‥‥‥‥‥‥‥‥‥‥‥‥‥‥‥‥

・大家の「事業者」の該当性

・賃貸住宅の入居拒否と「不当な差別的取扱い」の該当性

・賃貸住宅の入居拒否と「正当な理由」の該当性

・住宅改良と「合理的配慮」

## **1**　障害を理由に入居を断ることは許されるか

### ○賃貸住宅の入居拒否と「不当な差別的取扱い」

　障害者が親元や施設を離れ地域で生活しようとする場合、住宅の確保はとても大きなハードルになります。不動産業者が物件の仲介を断ることもありますし、不動産業者が物件を紹介しても、賃貸人が障害者に部屋を貸すことを拒むといったこともあります。

　最近では、不動産業者がアパートを紹介するのを拒むというケースは減少してきましたが、賃貸人による入居拒否はまだまだ少なくありません。

　このような賃貸人による入居拒否は法的にどのように考えたらよいのでしょうか。

　差別解消法は、公共機関及び民間事業者に対して、障害者を、障害のない人と不当に差別して取り扱うことを禁止しています（7条1項・8条1項）。

　民間事業者とは、同種の事業を反復・継続して行っている個人又は民間の団体を広く含みますので、規模の大小にかかわらず、個人でアパート経営をしている大家も、「賃貸事業者」としてここにいう「民間事業者」に含まれると解されます。

　賃貸借契約の締結を拒否することは、「サービス提供の拒否」にあたります。そのため、不動産の賃貸人が、その人が障害者であることを理由に契約締結を拒否することは、法によって禁止された「不当な差別的取扱い」に該当します。

　一方で、賃貸人には、誰に部屋を貸すかを自分の判断で決められる自由があります（これを「契約自由の原則」といいます）。しかしながら、賃貸人の契約自由の原則は、差別することまでを認めたもので

はありません。賃貸人は、障害者が申込みをした場合、資力など、一般的に賃貸借契約を結ぶか否かを判断する際にチェックする事情を考慮することは許されますが、障害の有無を、家を貸すかどうかの考慮要素としてはいけないということになります。これは、外国籍であることを理由に賃貸借契約の締結を拒否することが差別にあたり許されないことと同じことです。裁判例では、日本国籍ではないことを理由に賃貸借契約の締結を断ったことについて、不法行為だとして賠償請求が認められています（京都地裁平成19年10月2日判決、裁判所ウェブサイト）。

　ところで、「不当な差別的取扱い」にあたる場合にも、「正当な理由」がある場合には、例外的に、障害者と障害のない人を区別して取り扱うことも「不当な差別的取扱い」とはならないとしています（第1章第1節4（p.5）参照）。

　「正当な理由」がある場合とは、例えば、車いすを使って生活をしている障害者が、エレベーターのないアパートの2階以上の部屋の入居を希望しているといったように、客観的に見て、賃貸人が当該物件を使わせる義務を果たすことが極めて困難な場合などに限定されます（もっとも、この場合にも、当該障害者が、手すりを使うなどすれば自力で2階に上がることができ、エレベーターがなくても大丈夫だという場合には、やはり賃貸借契約を拒否することは認められないというべきです。）。

　一方で、「視覚障害者に部屋を貸して火事を出されたら困る」といった理由は、「正当な理由」とはいえません。視覚障害者は火事を出しやすいという客観的なデータはないからです。そのような理由で賃貸借契約を結ばないことは法に反する行為となります。

　もっとも、差別解消という視点からは、このような法的結論のみを伝えるのではなく、入居を希望している人の生活の様子などを、相談

員などの仲介者が入って大家に説明し、不安感を解消することが重要になってきます。

## 2　IHの変更費用を入居者に負担させるのは問題となるか

### ○住宅改良と「合理的配慮」

次に、本事例では、障害者が、アパートに設置されたガスコンロを「火を使うのは不安である」としてIHに変更してほしいと希望しています。

差別解消法では、公共機関や民間事業者は、「その事業を行うにあたり、障害者から現に社会的障壁の除去を必要としている旨の意思の表明があった場合」に、「その実施に伴う負担が過重でないときは」、「社会的障壁の除去の実施について必要かつ合理的な配慮」をしなければならないと規定されています（7条2項・8条2項）。

そのため、本件では、賃貸人は、アパートを賃貸するという「事業を行うにあたり」、障害者から自宅内での生活に際して火を使うことが「障壁」であり、ガスコンロをIHに取り替えてほしいとして、その「除去を必要としている旨の意思の表明」を受けているのであり、住宅設備の改良を検討することが求められます。

次に、その住宅設備の改良が、賃貸人にとって「過重な負担」となるかどうかを検討することになります。

「過重な負担」の判断については、**第1章第1節5**(3)（p.9）を参照してください。

本事例では、まず、実現可能性について、住宅の構造等に照らしてガスコンロをIHに取り替えることができるかどうかを検討することになります。IHに変更する場合、住宅側の電圧を200Vに変更する、アンペアブレーカーを変更するなどの工事が必要な場合があります。設置が可能だとした場合には、費用面が問題になると予想されます。

IH本体と設置に必要な工事の費用がどのくらいかかるのか等を、工事の見積書や製品のカタログなど、客観的な資料に基づいて確認する必要があります。月の家賃収入に比して、改修費が大きく、賃貸借事業の収支に大きな影響が出る場合には「過重な負担」にあたることも出てくると思われます。

　また、ビルトインのキッチンであれば、キッチンを入れ替えることでその物件のデザインの統一性といった事業への影響も考慮し得ます。

　このような考慮要素を念頭に置きながら、賃貸人とアパートに入居する視覚障害者の間の対話を促すことになります。高齢者からIH需要が増える中で、ガスコンロをIHにすることは、その部屋自体の価値を高めることでもあり、賃貸人にとっても利益となると考えるかどうかでも費用負担をどうするかが変わってくると思います。家賃とのバランスで、設置に要する費用が多額に上る場合には、一定期間家賃を値上げするなどして、双方で負担を分かち合うことができないかなどを検討することが必要でしょう。

　実際に話合いをしていくことで、ここでは挙がらなかったアイデアが出てくることもあります。

---

☆関連知識

　本件の事案とは異なりますが、身体障害者補助犬（盲導犬・聴導犬・介助犬）を使用している障害者が賃貸住宅を借りたいという場合、差別解消法に加えて身体障害者補助犬法が適用されます。

　同法では、原則的に、公営住宅では、障害者による補助犬の使用を拒んではいけないとされ（7条3項）、民間住宅でも、補助犬の使用を拒まないよう努めなければならないとされています（11条）。

**22** 知的障害のある人が不審者として精神科
病院への強制入院を求められたケース

**事例**

　私は、3歳の子の母親です。近所の公園で、保育園のお友だちと遊ばせながら、ママ友とおしゃべりするのが日課です。

　ところが先月あたりから、公園のベンチに座って、子どもたちが遊ぶ様子をぶつぶつ言いながら眺めている男性が現れました。気になって数えてみたのですが、だいたい週3日ほど、決まって午後3時頃から1時間くらいそこでじっと子どもたちを見つめているのです。何をつぶやいているのか、耳をすませて聞いてみたら、どうも「おっぱい、おっぱい」とずっと繰り返しているのです。

　私は、気味が悪いと思ったのでママ友にこんな人を知らないか聞いてみました。すると、近所でも有名な知的障害のある人で、公園の近くのアパートに住んでいるAさんという人だと分かりました。

　最近は、小さい子どもに対してわいせつ行為を働くような事件も聞きますし、子どもたちに何かあったらと思うと安心して公園で遊ばせることができません。行政の力でAさんを精神科病院に入院させられないのでしょうか。

**設問**

1　「Aさんを精神科病院に入院させたい」と自治体の窓口に依頼することには、どのような問題があるでしょうか。

2　相談を受けた市の担当者が、公園のベンチの男性を入院させることができるでしょうか。

【論点】⋯⋯⋯⋯⋯⋯⋯⋯⋯⋯⋯⋯⋯⋯⋯⋯⋯⋯⋯⋯⋯⋯⋯

・地域住民による差別的な言動と差別解消法

・精神疾患と強制入院

・措置入院とは

・医療保護入院とは

解説 ⋯⋯⋯⋯⋯⋯⋯⋯⋯⋯⋯⋯⋯⋯⋯⋯⋯⋯⋯⋯⋯⋯⋯⋯⋯⋯⋯

## 1 「Aさんを精神科病院に入院させたい」と自治体の窓口に依頼することは、どのような問題があるか

　相談者は、子どもたちが遊んでいる公園にたびたび訪れる知的障害のある人について、「精神科病院へ入院させられないのでしょうか。」と相談をしています。その理由は、子どもを見ながら「おっぱい、おっぱい」とつぶやいているから、というものです。たしかに、急にそんなことを言われたら気味が悪いかもしれません。ただ、「おっぱい」とつぶやいているだけで、子どもたちに接触してくるわけではありません。Aさんは、近所でも有名な知的障害のある人。その言動にも、障害が影響していることが強くうかがえます。そうした人に対し、「精神科病院へ入院させてほしい」ということは、障害を理由とする差別にあたるでしょうか。

　まず、「精神科病院へ入院させてほしい」という相談者の要望の意味を考えてみましょう。**2**でも出てきますが、本来「病院へ入院する」という行為は、医療を提供するための行為であり、医療の必要な患者に対し、医師が入院の必要性を判断します。しかし、今回の相談者は、Aさんが病気であることを心配しているというより、子どもたちの遊び場に、気味の悪い人には来ないでほしい、という趣旨の要望であることが見て取れます。これは、地域社会から知的障害のある人を排除

しようとする行動です。

　「不当な差別的取扱い」とは、「障害者に対して、正当な理由なく、障害を理由として、財・サービスや各種機会の提供を拒否する……などにより、障害者の権利利益を侵害すること」[1]です。詳しい内容は、**第1章第1節4**（p.5）を参照してください。今回の相談は、Aさんの知的障害を理由として、Aさんに対し、市民みんなが利用できる公園の利用を制限するだけでなく、強制的に病院へ隔離し、人身の自由を奪うという重大な権利侵害を伴うものです。また、Aさんの言動は多少不快感を覚えるものかもしれませんが、Aさんに対する権利侵害を正当化するほど、誰かに危害を加えているわけではありません。そのように考えると、相談者の要望は、Aさんに対する「不当な差別的取扱い」といえそうです。

　しかし、差別解消法は、「行政機関等」又は「事業者」による差別のみを定めています。このため、いち地域住民に過ぎない相談者が、障害者であるAさんを入院させてほしい、と自治体に要望すること自体は、厳密にいうと同法が禁止しているわけではありません。

　とはいえ、相談者の要望に応じて、自治体職員がAさんを強引に強制入院するように動けば、それは「行政機関等」として不当な差別的取扱いをしていることになります。それよりは、自治体には啓発活動[2]や情報の収集、整理、提供[3]の責務がありますので、相談者に対し、知的障害者の特性を啓発し、いかにして公園で一緒に過ごせるか、ともに考えるように促すべきでしょう。

---

### 2　相談を受けた市の担当者が、公園のベンチの男性を入院させることができるか

　実際、Aさんのような知的障害者について、強制入院をさせることはできるのでしょうか。精神疾患のある人に対する強制入院について

定めた、精神保健福祉法のルールを見てみましょう。

　通常、自分の身体の具合が悪いときに、病院を受診することや、継続して医療を受けるかどうかを決めるのは、患者本人です。そして、本人の意思で受診した結果、医師が「入院して治療する必要がある」と判断し、患者もそれを了承してはじめて入院することになります。

　ところが精神疾患の場合は、病気を治す必要があっても、その必要性を判断する能力が病気によって障害されています。患者自身の自己決定権を保障するため、原則として患者の意思による受診によって医療が提供されます。ただ、それでも病気の影響が強く、放っておくと自分や他人に深刻な危害を加えてしまう場合、例外的に本人が拒否をしていても、他者の意思によって強制的に入院させる制度が定められています。それが、措置入院と、医療保護入院です。

　措置入院とは、精神障害者であり、かつ、医療及び保護のために入院させなければその精神障害のために自身を傷つけ又は他人に害を及ぼすおそれ（「自傷他害のおそれ」といいます。）がある場合に、都道府県知事（政令市の場合は市長）の判断で強制的に患者を入院させる制度です[4]。精神保健指定医2名が一致して「入院の必要性あり」と診断をする必要があります。今回のケースのような場合に問題になるのが、「他害のおそれ」があるケースです。実務上、加害行為が切迫し、110番通報によって臨場した警察官によって、最寄りの保健所を経て都道府県知事に措置入院の通報がされる[5]、というケースが多いようです。つまり、措置入院に相当するケースとは、警察に通報をしなければならないほどの切迫した他害のおそれがなければなりません。

　医療保護入院とは、精神障害者であり、かつ、医療及び保護のため入院の必要がある者であって、自ら入院しそうにない人につき、親族等の同意があることを条件に、精神科病院の管理者が患者を入院させる制度です[6]。ただ、入院することは強制できますが、医師の診察を

受けること自体を患者に強制することはできません。

　では、実際にＡさんを精神保健福祉法に基づいて強制入院させることができるでしょうか。Ａさんは、公園で「おっぱい」とつぶやいているだけですので、これだけでは110番通報をするほどの緊急性のある他害性はありません。つまり、Ａさんに措置入院を検討すべき場面ではありません。そうすると、Ａさん自身に精神科病院へ受診することを促す必要があります。しかし、Ａさん自身に何か日々の生活に困難が生じているわけではない場合、Ａさんは、病院に用事がありません。相談者や、相談を受けた自治体職員等が、公園にいるＡさんに病院受診を勧めてみる必要がありますが、あまりうまくいくとは思われません。そうすると、Ａさんに医療受診の必要性がある状況ではないため、医療保護入院を検討する場面でもありません。

　このように、精神保健福祉法の制度上も、Ａさんを強制的に入院させるのは非常に難しいでしょう。このような状況で強制的に入院してもらうことは、Ａさんにとって権利侵害が極めて強く、人権の観点からも許容されません。自治体としては、やはり入院させることよりも、一緒に公園を利用するにはどうすればよいかを考えるべきです。

注

1　「障害を理由とする差別の解消の推進に関する基本方針」（内閣府）
2　障害者差別解消法15条
3　障害者差別解消法16条
4　精神保健福祉法29条1項
5　精神保健福祉法23条
6　精神保健福祉法33条1項、2項

医　療

# 23 知的障害のある子が診察に条件を つけられたり断られたりしたケース

## 事例

　私の息子には自閉症と知的障害があります。息子が風邪を引いたため、私は息子と一緒に近所にある小規模な内科のX病院に行きました。

　息子は病院に着くなり、声を上げてしまいました。そうすると、X病院の人が出てきて、「こういう子は診ることはできません、落ち着いた時に再度連れてきてください。受診される際は、2名の大人が付添いをしてください。」と言われました。

　しかし、夫が仕事を休むことができず、大人2名の付添いが確保できなかったため、私は、家から少し離れた大きなY病院を予約し、後日、予約時間ちょうどにY病院に行きました。Y病院の待合室で、息子は大きな声で独り言を言いながら歩き回り、待てない様子でした。すると、Y病院の受付担当者から「他の人の迷惑になるので外で待ってください。」と言われてしまいました。私は、「今日は雪が降っていて寒いので外で待つことができません。大勢の人がいる場所だと不安になってパニックになったりするので、別の部屋で待たせてもらえませんか。」と言いましたが、「外で待ってください。」と言われるばかりで別の部屋は準備してもらえませんでした。また、診察に時間がかかりそうだということで、予約制で予約時刻ちょうどにY病院に行ったのに、後回しにされて1時間も待ちました。

## 設問

1　X病院が「こういう子は診ることができません」とか「2名の大人が付添いをしてください」などと述べた対応にはどのような問題があるでしょうか。

2　Y病院が、外で待っていることを求めたことや診察を後回し

にしたことにはどのような問題があるでしょうか。

3　Y病院が、相談者が別室で待つことを求めたにも関わらず部
屋を準備しなかったことにはどのような問題があるでしょうか。

**【論点】**

・「不当な差別的取扱い」か「合理的配慮の不提供」か

・知的障害と発達障害のある子に対する「合理的配慮」の具体例

・「過重な負担」の該当性

**解説**

## 1　X病院の対応にはどのような問題があるか

相談者の息子さんは、声を上げたところ、①診察を断られたり、②受診の際に大人2名の付添いという条件を出されています。声を上げることは息子さんの障害特性に基づくもので、息子さんは障害を理由として、①サービスの提供を拒否され、又は②サービスの提供にあたって障害のない者に対しては付さない条件を付けられています。

それではこのような障害を理由とする異なる取扱いには「正当な理由」はあるでしょうか。

X病院の①②の対応は、大きな音を辛く感じる他の患者さんもいることや、聴診器での診察や聴力検査など、診察の内容上、大きな音を避ける必要があり、待合室を静かに保つためだということを理由にするものだと考えられますが、この対応の目的自体は場合によっては正当であるといえます。また、声を上げたり落ち着かない状態だと、診察が難しいということも理由となっていると考えられます。

しかし、他の患者さんがいない別の部屋で待ってもらえれば、待合室を静かに保つという目的を達成することができますので、「合理的

配慮の提供」によって診察を拒否せずに済むといえます。仮に、病院の規模が小さく待合室以外の部屋で待合スペースを確保することができない場合であっても、相談者と息子さんが自家用車で来ていれば、自家用車の中で待ってもらい、順番が来たら声を掛けて病院の中に入ってもらって診察をすることも考えられますし、他の患者さんに説明して順番を先にして待ち時間をできるだけなくして診察するという方法も考えられます。

　また、医師が診察する際にどうすれば安心して息子さんが診察を受けることができるのか尋ね、対応を考えるべきでしょう。例えば今からする診察内容やなぜそのような診察をするのか、聴診器や口の中を見る器具を使っているところを実際に見せるなどの説明をして見通しを持ってもらうということや、診察室についたてを置いて、様々な器具が見えないように環境を整えるといったことが考えられます。

　このような「合理的配慮の提供」によって診察の拒否は回避することができるといえますし、大人2名の付添いを求める必要はないといえますので、異なる取扱いに「正当な理由」はありません。

## 2　Y病院が外での待機を指示、診察を後回しにしたことはどのような問題があるか

　息子さんが大きな声で独り言を言いながら歩き回ったりすることは、障害特性によるもので、このことを理由にY病院が、③外で待つことを求めたこと、及び④予約制なのに後回しにされたことは、サービスの提供にあたって障害のない者に対しては付さない条件を付けているといえ、障害を理由とする異なる取扱いです。

　それではこのような障害を理由とする異なる取扱いには「正当な理由」はあるでしょうか。

　Y病院が③外で待つことを求めたことは、1と同様に待合室を静か

に保つことを目的にしたものであると考えられます。また、④予約制なのに後回しにされたことは、息子さんの診察に時間がかかることを予想して、他の患者さんを優先したものだと考えられます。

　しかし、③については1と同様、他の患者さんがいない別の部屋で待ってもらえれば待合室を静かに保つという目的は達成することができるので、「合理的配慮の提供」によって雪の中外で待つことを求めずに済むといえ、「正当な理由」があるとはいえません。規模の大きな病院であれば、息子さんが待つための別室を準備することも難しくはないと思われますし、仮に部屋に余裕がなかったとしても、1のように自家用車の中で待ってもらう、順番を繰り上げるなどの対応も考えられますので、やはり「正当な理由」があるとはいえません。

　また、④については、患者さんが少ないことが予想される時間帯に予約できないか尋ねて、予約の時刻を検討してもらうことや、前後の予約時刻に余裕をもたせることも考えられますので、順番を後回しにすることに「正当な理由」はありません。前もって相談者から息子さんの障害について病院に連絡がなかったとしても、他の患者さんに説明して、息子さんの診察の順番を繰り上げるという対応もあり得るでしょうから、「合理的配慮の提供」によって順番を後回しにせずに済むといえ、「正当な理由」があるとはいえません。

### 3　Y病院が別室を準備しなかったことにはどんな問題があるか

　相談者は別の部屋の提供を申し出ていますが、準備してもらえませんでした。相談者の申出は、息子さん自身によるものではありません。しかし、知的障害や精神障害（発達障害を含む。）等により本人の意思表明が困難な場合には、障害者の家族、介助者等、コミュニケーションを支援する者が本人を補佐して行う「意思の表明」も、「合理的配慮」の「意思の表明」にあたるとされています（**第1章第1節5**(2)（p.8）

参照）。息子さん自身が「意思の表明」が難しい場合であっても、息子さんの求めていることや支援の方法が分かる母親からの求めは「合理的配慮の提供」の「意思の表明」にあたります。

　では、Y病院にとって、別の部屋を提供することが「過重な負担」にあたるといえるかが問題です。

　Y病院に待機に使うことができる別の部屋がある場合には、部屋を提供することに「過重な負担」はないでしょう。

　もし待機する部屋がない場合であっても、直ちに断るのではなく、母親及び息子さんと相談し、別の手段を検討する必要があります。建設的対話とよばれるものです。

　例えば、母親と息子さんが車で来ている場合には、車の中など、病院の近くで待機してもらって、順番がきたら電話で呼び出したり、車まで呼びに行くことが考えられます。

　また、そもそも待つことが難しそうなのであれば、息子さんの診察を先にしてもらい、順番が前後することを他の患者さんに説明することも考えられます。

　これらの対応は、大勢の人員を要するものではなく、病院の規模の大小に関わらず、「過重な負担」なくできるものばかりです。

　このように、別の手段を提案し、合意点を探るべきです。

　したがって、相談者が別の部屋の提供を申し出たにも関わらず、単に断ることは、「合理的配慮」の提供義務違反となります。

　最後に、病院としては、普段から、様々な障害のある人の来院を想定しておき、事前的改善措置としての「環境の整備」を進めることも大切です。誰がどのように対応するかをあらかじめ決めておく、障害のある人への対応について職員に対する研修を実施する、絵カードやコミュニケーション支援ボード、コミュニケーションアプリ、筆談ボード（聴覚障害者の場合）、拡大鏡（視覚障害者の場合）などの支援ツー

ルを用意していつでも障害のある患者に提供できるようにしておくなどが考えられます。そうすることで、実際に障害のある人が来院した際に、個別の状況に応じて的確に「合理的配慮」を提供することができるようになるでしょう。

情報保障 | 医　療

 **24 聴覚障害のある妊婦が診察に条件を
つけられたり断られたりしたケース**

**事例**

　私は聴覚障害があり、手話を第一言語としています。妊娠して産院を決めるにあたって第一希望の病院に診察予約を申込みしようと電話リレーサービス（通訳オペレータを介して手話・文字チャットで電話をする国の制度。詳細はColumn10(p.175)参照）を利用して電話したところ、
① 「耳が聞こえる人（聴者）が通院・入院の際に全て付き添う条件でなければ対応できない。」と診療を断られてしまいました。
② 「コロナ禍のために同行者は手話通訳者・要約筆記者も認めない。」、「緊急時のために自分で電話で話せない人は対応できない。」と診療を断られてしまいました。

**設問**

1　産院の対応にはどのような問題があったでしょうか。
2　聴覚障害のある人への「合理的配慮」としてどのような対応が必要・可能でしょうか。

**【論点】**

・付添い要求と「不当な差別的取扱い」の該当性
・受診拒否と「不当な差別的取扱い」の該当性
・聴覚障害のある人に対する「合理的配慮」の具体例

**解説**

## 1　付添い要求が「不当な差別的取扱い」にあたるか

　事例の「耳が聞こえる人（聴者）が通院・入院の際に全て付き添う

条件でなければ対応できない」は聴覚障害のない者には付さない条件なので、差別的取扱いにあたります。

　では、この条件に正当な理由はあるのでしょうか。本件について考えると、下記**3**で述べるように様々なコミュニケーション方法での意思疎通や手話通訳者、要約筆記者派遣等の制度利用が可能であり、耳が聞こえる人（聴者）が通院・入院の際に全て付き添う他に方法がない、やむを得ない場合には該当しません。よって、「正当な理由」はなく、「不当な差別的取扱い」に該当します。

## 2　受診拒否が「不当な差別的取扱い」にあたるか

　障害を直接の理由としていないものの、画一的な運用によって障害のある人が排除されるような効果を生むものも「不当な差別的取扱い」に該当します。

　本件では、「（コロナ禍のために）同行者を認めない」、「（緊急時のため）自分で電話ができない人は対応できない」等、手話通訳者という障害を解消するための人的資源の利用を理由に医療の提供を拒否しているので、障害を理由とする「不当な差別的取扱い」に該当します。

　基本方針（改）においても、介助者の付添い等を理由とするサービス拒否も、障害を理由とする「不当な差別的取扱い」に該当するとされています（**第1章第1節4**(1)（p.5）参照）。

　なお、本件で利用されている電話リレーサービスは通訳オペレータを介していますが、通常の電話と同様に対応する必要があります（**Column10**（p.175）参照）。

## 3　「合理的配慮」としてどのような対応が必要・可能か

　聴覚障害といっても、聞こえる程度やコミュニケーション方法は人によって様々です。音声、文字、手話、身振りや指差し、物やイラス

ト等を示す等の方法がありますが、場面によって複数の方法を組み合わせる場合もあります。全ての内容について文字又は手話を必要とする人もいれば、音声での会話は一応可能だけれども重要なポイントは誤解がないように文字での確認がほしいという人もいます。大きめの声で話すことを希望する人もいればそうでない人もいます。片耳難聴のため席の位置の工夫を希望する人もいます。

　具体的な「合理的配慮」の内容は、医療という健康、生命に関わる内容であり、意思疎通が重要であることを踏まえた上で建設的対話を行い、本人のニーズと状況に合わせて選択することになります。

---

### ☆合理的配慮の例

**呼び出し**

　声や放送ではなく、本人の意向に応じて、直接伝える、振動する機器やメール等を利用するようにしてください。

**診察、説明、コミュニケーション一般**

・筆談、パンフレット等の記載を示す、文字やイラストカードの利用、実際に身体の動きを見せる等
　…筆談の方法は手書きの他、パソコンやスマートフォンに入力等の方法があります。
　　パンフレットの活用の他、基本的な説明は文字やイラストをカード化しておくとスムーズです。
・音声を認識して文字を表示するアプリの利用
　…文字表示を確認しながら進め、誤表示の場合は言い直して正しく表示されるのを確認するか筆談で補ってください。
・手話通訳者、要約筆記者等の意思疎通支援者の利用（Column10参照）
　…患者にとって医師等と意思疎通支援者の両方が見やすい位置であること、意思疎通支援者に話すのではなく本人に対して話すこと

が必要です。手話通訳、要約筆記が追いついているか、話の区切りで確認するようにしてください。コロナ禍で同行者が原則認められない場合も、手話通訳者、要約筆記者等の意思疎通支援者については適切な感染防止対策をした上で認められるべきです。

・話し方の工夫

　…最初に話す内容の全体の項目、結論を話す。一文を短く区切る。順序立てて話す。一般的に理解しにくい言葉は言い変えや説明を付ける。主語を明確にする。曖昧な表現や二重否定は避ける。話の区切りで理解を確認する等です。

・透明マスク等の利用

　…口の動きや表情が見やすくなり、コミュニケーションのサポートになります。衛生面や感染対策から一律に認められないとするのではなく、他の方法と合わせて検討してください。


**検査、処置、分娩時等**

・事前の流れの説明、説明カードや合図等の確認

　…「吸って」、「吐いて」等の指示のカードや合図、痛みの伝え方等を確認しながら、事前に流れを具体的に丁寧に説明することが必要になります。

・手話通訳者、要約筆記者等の意思疎通支援者の利用（Column10参照）


**連絡**

・電話リレーサービス、メール等の利用

Column
10

# 電話リレーサービスで電話がかかってくるかもしれません

## 1 電話リレーサービスという国の制度

「電話リレーサービス」は、耳で聞くことや声で話すことに障害の
ある人等が、手話や文字チャットを使い、通訳オペレータによる通訳
（手話・文字⇔音声）を介して電話を利用することができる政府のサー
ビスです。2021年7月から、「聴覚障害者等による電話の利用の円
滑化に関する法律」に基づいて運営されています。

「聴覚障害者等」と書かれていますが、聴覚障害がない音声・言語障
害等も含まれます。また、障害者手帳を取得していない場合でも、手話・
文字による電話利用のニーズを有している場合は利用できます。

総務大臣指定 電話リレーサービス提供機関 一般財団法人日本財団電話リレーサービス

## 2 通常の電話と同様の対応が必要

電話リレーサービスを利用した電話がかかってきた場合、最初に通
訳オペレータから「こちらは電話リレーサービスです。耳の聞こえな
い方などからのお電話を通訳しております。双方のお話を全て通訳い
たします。」との音声案内があります。間違い電話や営業電話ではあ
りません。電話リレーサービスという国の制度が始まったことがまだ
広く知られておらず、通訳オペレータを介するサービスであることか

ら、拒否されたり、確認のために長時間待たされるケースがあります
が、それは「不当な差別的取扱い」ないし「合理的配慮の不提供」に
該当します。本人確認を含めて通常の電話と同様の対応が必要です。
なお、通訳オペレータを介することでのタイムラグ（時間差）が生じ
る場合もあります。

　電話リレーサービスは、障害のある人からの電話がかかってくるだ
けでなく、障害のある人にかけることも可能です。365日24時間利
用することができます。また、110、119等の緊急通報にも対応し
ています。通話内容の秘密について心配される場合もあるかもしれま
せんが、通訳オペレータ等は法律で守秘義務が課されており、罰則も
定められています。

**Column 11**

## 障害者情報アクセシビリティ・コミュニケーション施策推進法

　2022年に「障害者情報アクセシビリティ・コミュニケーション施策推進法」が成立、施行されました。国・地方公共団体は、四つの基本理念にのっとり、施策を総合的に策定し、実施する責務を有します（五つの基本的施策）。障害者本人の意見を聴き、尊重するように努めなければなりません。

　事業者には、機器開発やサービス提供、従業員が働く環境・顧客対応等について障害者が十分な情報を取得等できるように努力する責務、また国や地方公共団体の施策に連携協力するように努力する責務が課せられています。例えば、この法律制定前からの取組ですが、兵庫県明石市では、市が商業者、自治会、サークル等に対し、コミュニケーションツールの作成費（例：点字メニューの作成費用、チラシ等の音訳にかかる費用、コミュニケーションボードの作成費用）、物品の購入費（ポータブルスロープや筆談ボード）の助成を行う等、市と地元の事業者、市民が連携協力する取組がなされてきました。

---

### 基本理念

① 障害の種類・程度に応じた手段の選択

② 地域格差の是正

③ 障害のない人と同一内容の情報を同一の時点で取得

④ デジタル社会における技術の活用

---

### 1　対象となる障害者の例

　全ての障害者。身体障害、知的障害、精神障害（発達障害を含む。）その他の心身の機能の障害がある人です。例えば、聴覚、言語、視覚、失語、知的、発達、高次脳機能、精神、身体等の障害や病気のため、

意思疎通を図ることに支障がある人です。障害者手帳を取得していない人・取得の対象にならない人も本法の対象に含まれます。

## 2　五つの基本的施策

　これらの施策に必要な法制上、財政上の措置を行うことも法律に定められています。

① 機器やサービス等の開発及び提供、入手や利用方法習得のための支援

② 命に関わる課題である防災・防犯・緊急通報

③ 意思疎通支援者の確保・養成・資質の向上（次のColumnで詳述）、事業者の取組への支援

④ 相談への対応・情報提供

⑤ 国民の関心・理解の増進

⑥ 調査研究

## Column 12

# 意思疎通支援制度

　総合支援法の地域生活支援事業に基づき、市区町村・都道府県では意思疎通支援者の派遣が行われています。

## 1　意思疎通支援の種類

・聴覚障害者：手話通訳、要約筆記（パソコン、手書き）

・視覚障害者：点訳、代読・代筆

・盲ろう者：直接本人に接触する触覚手話、指点字、指文字

・失語症者：会話における理解や表現の補助（必要に応じて道具や絵の利用等）

## 2　内 容 例

　医療（診察、検査、治療）、役所での手続や説明、教育（授業参観、PTA、学校説明会等）、労働（就職面接、上司との話し合い等）、生活（住宅、商品やサービスの購入の際の説明や相談等）、冠婚葬祭、講座・講演会等について、上記の手話通訳、要約筆記等による意思疎通支援が受けられます。

　原則利用料はかかりませんが、自治体によって回数制限、交通費等の実費負担が伴う場合もあります。原則として数日前の申請が必要ですが、緊急対応が可能な場合もあります。

　「合理的配慮義務」は行政・事業者側にありますが、内容により意思疎通支援者が必要な場合に、障害のある人にこの制度を申請・利用してもらった上で、意思疎通支援者を介して障害に配慮したコミュニケーションを行うことも、建設的対話・合理的配慮の選択肢の一つとして考えられます。なお、入場料等は意思疎通支援者の分はかからないとすべきでしょう。

　この制度は、原則として、障害当事者が申請・利用することを想定していて、行政や事業者等の「合理的配慮」の提供側から利用することは想定されていません。ただし、市区町村によっては意思疎通支援者の紹介をしている場合もあります（その場合、費用は原則として提供側の負担となります）。

# 発語障害のある議員が質問時間の延長を拒否されたケース

### 事例

　私は、ALSのため手足や発語に重い障害を持つ県議会議員です。

　私が議会で一般質問をする際には、事前に作成した質問文を議会の事務局職員が代読しています。

　私が、質問に対する県の幹部の回答を聞いて、再質問をする際には、私は、再質問の内容を職員に伝えて、職員が再質問を書き取り、それを私が確認して、職員が代読しています。

　しかし、一人の議員に与えられる時間は、質問と再質問を合わせて30分です。私は再質問を職員に伝えるのに時間がかかってしまい、なかなか十分な再質問ができません。

　そこで、私は、「自分の質問時間を1時間に延長してほしい。」と議会運営委員会で提案しましたが、賛同を得られず、質問時間の延長は認められませんでした。

### 設問

　議会運営委員会が質問時間の延長を認めなかったことにはどのような問題があるのでしょうか。

【論点】............................................................

・議会内に設置された議会運営委員会の「行政機関等」の該当性

・発語障害のある議員が、議会で質問する際の「合理的配慮」の具体例

・質問時間の延長を認めることの「過重な負担」の該当性

**解説** ......

## 1 質問時間の延長を認めなかったことにどのような問題があるか

### (1) 差別の類型

#### ① 「行政機関」該当性

この事例では、議会運営委員会が相談者に対し、障害に基づく「差別」をしていないかが問題となります。

議会内に設置された議会運営委員会は、地方公共団体の組織（地方自治法1条の3、89条、109条3項）として「行政機関等」に該当し、差別解消法7条1項及び2項の義務の主体となります（第1章第1節2(2)(p.3)参照）。

#### ② 検討すべき差別類型

相談者の場合、議会運営委員会から質問時間の延長を断られていますが、障害のない議員と同じ質問時間は認められているため、相談者が障害のない議員と比較して、拒否、区別、排除、制限などの異なる取扱いを受けているとはいえず、議会運営委員会の対応については、差別解消法7条1項が禁止する差別的取扱いにはあたらないと考えられます（第1章第2節1（p.15）参照）。

そこで、次に、同条2項が規定する「合理的配慮」の提供義務違反にあたるかを検討する必要があります。

この点、「合理的配慮の不提供」も障害に基づく差別であり、差別解消法7条2項に違反することとなりますので、議会運営委員会が相談者に対し質問時間を延長するという措置を採らなかったことが「合理的配慮」の提供義務に違反しているといえるかが問題となります。

### (2) 「合理的配慮義務」の存否と内容

#### ① 「合理的配慮義務」の存否

まず、相談者は議会運営委員会で質問時間の延長を提案しているの

で、7条2項に定められた「合理的配慮」を求める「意思の表明」の要件は満たしているといえます。そして、相談者は発語に重い障害があり、特に再質問の場面では内容を職員に伝えて、職員が書き取り、それを相談者が確認して、職員が代読するというプロセスが必要なので、同じ量の質問を行うためには発語障害のない議員に比べてより時間がかかります。そうすると、質問と再質問をあわせて30分という時間制限を相談者にも適用した場合、相談者は障害のない議員よりも行うことができる質問の総量が限定されるので、全ての議員に公平に質問の機会を設けようとして定められたはずの時間制限が相談者にとっては障壁となっています。

　したがって、議会には相談者に対し、発語障害のない議員と実質的に同様の質問の機会を与えるため、相談者に対する「合理的配慮」を行うことが求められます。

　② 「合理的配慮」の内容

　そして、「合理的配慮」の内容である時間延長の程度や方法については、本人である相談者の意見を尊重し、建設的対話を通じて柔軟に検討されるべきです。

　この事例では、相談者は他の議員の2倍の時間延長という具体的な希望を述べていますので、この意見を十分に尊重する必要があります。また、時間延長の方法としては、相談者が求めているような、あらかじめ一定の延長倍率を定める方法のほかに、相談者が再質問の内容を職員に伝えて、職員が再質問を書き取り、それを相談者が確認している時間（発語障害のない議員が質問を行う場合には生じない時間）は議事を止め、30分の持ち時間を進行させないようにする方法も考えられます。これは、参議院文教科学委員会に所属するALS患者である議員に対して、参議院が実際に行った措置であることが報道されています。

また、近年、大学などの入学試験や定期試験、各種資格試験では、上肢の障害のために文字を書くことが困難な人や、視覚障害のために文字の拡大や点字での受験が必要な人に対して受験の機会を平等に保障するため、試験時間の延長を認めるなどの「合理的配慮」が広く行われるようになってきています。このように、障害のために情報の受発信に時間を要する人に対して時間的な配慮が必要であることは、既に一般に認識されているといえるでしょう。

### (3)　「過重な負担」の該当性

　議会運営委員会としては、相談者に時間延長を認めることは「過重な負担」にあたると反論するかもしれません（**第1章第1節5**(3)(p.9)参照）。

　しかし、相談者への質問時間の延長が議会運営に与える影響の程度は、議事全体が30分延長されるというもので、議事全体に占める割合としては大きくないものです。

　また、議会は極めて公益性が高い機関であり、予算規模も大きいのが通常ですから、相談者の質問時間の延長に伴い、一定程度議会全体の所要時間が増加したとしても、当該増加に係る諸費用は当該予算規模に照らせば過重なものとはいえませんし、質問時間の延長は実現困難なものともいえないと考えられます。

　さらに、相談者が議会において質問を行う権利は、相談者の表現の自由（憲法21条）及び参政権の一態様である議会で発言する自由といった憲法上の権利に属するだけでなく、相談者を選出した住民が相談者を通じて政治に参加することを保障するという意味で、住民の参政権にも関わる極めて重要な権利です。

　したがって、このような事情を考慮すると、相談者に対し時間延長を認めることは「過重な負担」にはあたらないというべきです。

### (4)　関連する裁判例

　この事例に関連して、発声障害のある地方議会議員が職員による代

読の方法で質問を行うことを希望したところ、議会運営委員会が代読の方法を認めないことを前提に音声変換装置付のパソコンを利用する方法を求めたことについて、違法性を認めた裁判例（名古屋高裁平成24年5月11日判決、ジュリスト1453号12頁）があります。

　この判決では、議会運営委員会が原告からの代読等の要求を認めず、他の発言方法を具体的に審議することもなかった期間と、音声変換装置付きパソコンの使用を認めたものの、実際にパソコンを操作できるかどうか等に関する調査、検討をしなかった期間について、議員としての最も基本的・中核的な権利である表現の自由（憲法21条）及び参政権の一態様である発言する自由を侵害する違法な行為があったと判断しています。

　この判決は、差別解消法が施行される以前のもので、「合理的配慮義務」に関し検討されていませんが、施行後である現在であれば差別解消法7条2項に基づく「合理的配慮」として代読を認めるべきであると判断される可能性は十分にあるでしょう。

地域生活 | 無理解・偏見

 **知的障害のある人が警察官に
注意されたケース**

**事例**

　私の息子は自閉症で、知的障害もあります。

　息子から、「今日警察の人から、きつく注意された」と泣きながら話がありました。自宅の近所には、息子がよく行くコンビニがあります。毎日のように足を運んでいたら、今日警察官が突然来て、他の客に迷惑をかけないようにと長い時間注意されて帰されたというのです。息子はこわくて何も言えなかった、もうあのコンビニには行けないと言っています。

　警察署の生活安全課に連絡し事実を確認したところ、息子がレジで会計をしているときにお金を探していると、後ろの客が「早くして！」と声をかけ、息子がパニックになり大声を出したので、その客が通報したということでした。通報を受けた警察官がコンビニに駆けつけ、その客から話を聞き、息子に「大きな声を出さないように。」、「他のお客様にご迷惑をかけないように。」と注意をしたそうです。

　通報を受けた警察官に直接話を聞いたところ、息子に障害があるということを知らなかったとのことでした。これまで息子は不審者と間違えられたりして何度か生活安全課にはお世話になっており、署内で息子のことを周知して配慮してほしいと伝えていたので、息子の障害のことを知らないと言われたことにはびっくりしました。また、今回のコンビニは息子がよく一人で買い物をするので、お店の人には息子の障害について説明し理解を得ています。

　警察官にこのような対応をされては地域で暮らすことはできません。警察にはどのようなことを伝えていけばいいでしょうか。

> **設問**
>
> 1　警察官はどのような対応をするべきだったでしょうか。
> 2　警察の理解を深めるためにどのようなことを伝えていくといいでしょうか。

**【論点】**
・警察官の行為の「不当な差別的取扱い」の該当性
・警察による知的障害のある人に対する「合理的配慮」の具体的な内容
・警察の障害に対する理解を深めるために伝えるべきこと

**解説**

## 1　警察官はどのような対応をするべきだったか

　警察も差別解消法や障害者差別解消条例の「行政機関等」に該当するため、「不当な差別的取扱い」をしてはならず、また、「合理的配慮」を提供しなければなりません。

　このことは、「警察庁における障害を理由とする差別の解消の推進に関する対応要領を定める訓令」(2016(平成28)年4月1日施行)でも同様に定められています。

　本事案で、相談者の息子さんに対し、「大きな声を出さないように。」、「他のお客様にご迷惑をかけないように。」と注意をした警察官の行為には、どのような問題があるでしょうか。まず、警察官が注意したこと自体が、相談者の息子さんの知的障害を理由として、財やサービスなどの提供を制限したり、特別な条件を付加したりしているわけではありません。このため、「不当な差別的取扱い」の場面ではなさそうです。

　一方、相談者が、警察に対して、息子の知的障害について署内で周

知して配慮してほしいとお願いをしています。相談者の息子の知的障害に対し、その特性を理解した対応を求めていることから、今回は警察による「合理的配慮の提供」が問題となる事案です。

　まず、「合理的配慮の提供」の前提として、差別解消法では「意思の表明」が必要とされています。本事案では、生活安全課として当事者の障害を認識していることや、当日の当事者の言動から障害がうかがわれることから、「意思の表明」があったものとして扱うべきです。

　その上で、本事案の当事者のように知的障害や自閉症等の発達障害のある人に対する「合理的配慮」の内容としては、一般的には、①関係者に障害の内容等について周知する、②わかりやすく確認しながら説明する、③本人の要望を聞きながら休憩を適宜挟む、④コミュニケーションの支援のために家族や支援者に協力を仰ぐ、⑤段階を踏みながら本人が理解できる形で物事を進めていくなどがあります。上記訓令においても、「合理的配慮」の例として「障害者から申出があった際に、ゆっくり、丁寧に、繰り返し説明し、内容が理解されたことを確認しながら応対する。」などが挙げられています。

　したがって、そのような「合理的配慮の提供」なく、障害特性を理解しないまま一方的に「大きな声を出さないように。」、「他のお客様にご迷惑をかけないように。」とだけ注意して帰らせた警察の対応は、「合理的配慮」の提供義務違反といえます。

　本事案では、本人が大きな声を出したのは障害特性と客の「早くして！」という声かけが関係していると思われます。その場に駆けつけた警察としては、「合理的配慮の提供」として、警察が駆けつけた理由について本人にゆっくり説明し、経緯について本人から丁寧に話を聞き、本人の了解を得て、客に障害の内容等について伝えながら理解を得ること、今後の利用にあたっての助言がある場合は、内容が理解されたことを確認しながら助言を行うことが必要であったといえます。

## 2　警察の理解を深めるためにどのようなことを伝えていくとよいか

　どのような障害があっても、地域で生まれ、育ち、地域で暮らし、地域に愛される権利があります。障害者権利条約19条は、「この条約の締約国は、全ての障害者が他の者と平等の選択の機会をもって地域社会で生活する平等の権利を有することを認めるものとし、障害者が、この権利を完全に享受し、並びに地域社会に完全に包容され、及び参加することを容易にするための効果的かつ適当な措置をとる。」とし、障害者基本法3条2号は、「全て障害者は、可能な限り、どこで誰と生活するかについての選択の機会が確保され、地域社会において他の人々と共生することを妨げられないこと。」としています。

　このようなあたり前の権利を実現するために、地域の警察が果たす役割はとても大きいものがあります。逆に警察に理解がなく、障害のことが全く分からない、障害のある人はいつ事件を起こしてもおかしくない、施設で暮らすべきという偏見等があると、当事者の社会参加は大きく後退します。

　このような警察の理解を助けるものとして、2001年12月には、警察庁の協力により、「知的障害のある人を理解するために」というハンドブックが全国の警察機関に2万6,000部交付され、警視庁地域部地域総務課にも1,500部配布されています。また、2004年2月には、警察庁において、障害者への対応マニュアル「障害を持つ方への接遇要領」が作成され、各都道府県警察に配布されています。このようなハンドブックや接遇要領は、社会の中に多数の障害のある方が生活しており、日常的に市民に対応する警察官であれば必然的にいずれは障害のある方と接することになること、したがって警察官が障害について正しく理解していなければ、障害特性ゆえの行動について適切な対

応がなされず、その職務執行によって相手に不自由を感じさせたり不快な思いをさせたりなど不適切な結果を招きかねないことから作成されたものとされています。「接遇要領」（「ハンドブック」にも同じ記述あり）には、「パニックになって大声を出している人」についての対応方法や、警察官が接する市民に障害があっても、一見では分からないばかりか不審者と誤認しかねないこと、したがって不審な行動の背景には何らかの障害があり得ることについて注意喚起する内容が掲載されています。

　警察官の職務には、捜査活動のみならず、保護活動や警備活動など、市民社会に密着した活動も担っています。その中で自閉症や知的障害のある人と接触することも当然想定されます。そうしたときに、障害特性を踏まえて適切な対応ができるよう、日頃からこうした資料に接し、理解をしておくことが重要です。

Column
13

# 安永健太さん事件

　2007（平成19）年9月25日、佐賀市内において安永健太さん（知的障害のある25歳の青年）が、車道を自転車で走行中にパトカー乗車の警察官から不審者であると誤認され停止を求められ、その後5名の警察官から押さえ込まれた際、心臓が停止し死亡したという事件があります。現場の警察官（警察官歴32年）の証人尋問では、「職務上で、知的障害の方に応対した経験については」という質問に対し、当該警察官は「障害者と接したことはありません。」と答えました。この事件の福岡高裁平成27年12月21日判決は、警察職員には、知的障害者に対し、その特性を踏まえた適切な対応をすべき一般的な注意義務を認めました。すなわち、警察職員は、その職務の相手方が知的障害者であることを認識している場合にはもちろん、認識していない場合においても、相手方の言動等から知的障害等の存在が推認される場合においては、当該職務の相手方たる知的障害者に対し、ゆっくりと穏やかに話しかけて近くで見守るなど、その特性を踏まえた適切な対応をすべき注意義務があることは明らかであるとして、警察職員の一般的な注意義務を認めています。

　地域の警察には、障害に関する知識に加え、障害のある人には地域で暮らす権利があること、そのために警察が果たす役割の大きさ、警察として知っておくべき接遇要領等の内容、理解がなかったために起きてしまった事件などを伝える中で、前記のように、警察にも「合理的配慮義務」があること、当事者との丁寧な対話が必要であることを伝えていくとよいでしょう。

Column
14

# イエローカード

　知的障害のある当事者が会議で実質的に参加できるようにするための配慮として、イエローカードが用いられることがあります。イエローカードは、会議の中で知的障害のある当事者が所持し、分からないことがあった場合にこれを挙げて「もっと分かりやすく説明してほしい」と要求するためのカードです。2010年1月12日から内閣府で開催された障がい者制度改革推進会議において、知的障害のある土本秋夫委員が使用したことで認識が広まりました。

　内閣府（平成23年2月14日「障害者制度改革推進のための第二次意見」2.情報バリアフリー・情報支援の大切さ）では、次のように紹介されています。

　「推進会議には、さまざまな障害のある人がいます。会議を理解して、自分の考えていることを発言するために、いろいろな支援があります。たとえば、知的障害のある人には、支援者がついています。会議の資料には、ふり仮名がつけられています。また会議の中で、難しい言葉が使われたり、今、何が話されているのか分からないときには、『イエローカード』を使って、議長に伝えることができます。」

　イエローカードの使用は、当事者の意向を踏まえたものである場合、それ自体が「合理的配慮」であり、また、会議当日にそのカードを使ったやり取りを丁寧に行うことも「合理的配慮」といえます。最近では、自治体の会議でも使用されています。イエローカードは当事者以外の委員にも配付され、会議の冒頭その使用方法が説明されます。また、筆者が知的障害のある当事者の会の勉強会で話をした際にもイエローカードが使用されました。実際に使用されると身の引き締まる思いとなり、できるだけ分かりやすく伝えたいという思いになります。しかし、実際には難しい議論や話がなされる中で当事者がイエローカードを挙げることは多くはなく、話を止めないように遠慮されているよう

な印象を受けます。参加者全体がイエローカードを使いやすい環境を作っていくことや、イエローカードとは別の効果的な「合理的配慮」（会議等の前に議題や資料について説明する機会を設ける等）を当事者と対話しながら作り上げていくことが重要です。

第**3**章

資　　料

# 1　障害を理由とする差別の解消の推進に関する法律

平成25年法律第65号

### 第1章　総則

**（目的）**

**第1条**　この法律は、障害者基本法（昭和45年法律第84号）の基本的な理念にのっとり、全ての障害者が、障害者でない者と等しく、基本的人権を享有する個人としてその尊厳が重んぜられ、その尊厳にふさわしい生活を保障される権利を有することを踏まえ、障害を理由とする差別の解消の推進に関する基本的な事項、行政機関等及び事業者における障害を理由とする差別を解消するための措置等を定めることにより、障害を理由とする差別の解消を推進し、もって全ての国民が、障害の有無によって分け隔てられることなく、相互に人格と個性を尊重し合いながら共生する社会の実現に資することを目的とする。

**（定義）**

**第2条**　この法律において、次の各号に掲げる用語の意義は、それぞれ当該各号に定めるところによる。

一　障害者　身体障害、知的障害、精神障害（発達障害を含む。）その他の心身の機能の障害（以下「障害」と総称する。）がある者であって、障害及び社会的障壁により継続的に日常生活又は社会生活に相当な制限を受ける状態にあるものをいう。

二　社会的障壁　障害がある者にとって日常生活又は社会生活を営む上で障壁となるような社会における事物、制度、慣行、観念その他一切のものをいう。

三　行政機関等　国の行政機関、独立行政法人等、地方公共団体（地方公営企業法（昭和27年法律第292号）第3章の規定の適用を受ける地方公共団体の経営する企業を除く。第7号、第10条及び附則第4条第1項において同じ。）及び地方独立行政法人をいう。

四　国の行政機関　次に掲げる機関をいう。

イ　法律の規定に基づき内閣に置かれる機関（内閣府を除く。）及び内閣の所轄の下に置かれる機関

ロ　内閣府、宮内庁並びに内閣府設置法（平成11年法律第89号）第49条第1項及び第2項に規定する機関（これらの機関のうちニの政令で定める機関が置かれる機関にあっては、当該政令で定める機関を除く。）

ハ　国家行政組織法（昭和23年法律第120号）第3条第2項に規定する機関（ホの政令で定める機関が置かれる機関にあっては、当該政令で定める機

関を除く。）

　　ニ　内閣府設置法第39条及び第55条並びに宮内庁法（昭和22年法律第70号）
　　　第16条第2項の機関並びに内閣府設置法第40条及び第56条（宮内庁法第
　　　18条第1項において準用する場合を含む。）の特別の機関で、政令で定め
　　　るもの

　　ホ　国家行政組織法第8条の二の施設等機関及び同法第8条の三の特別の機
　　　関で、政令で定めるもの

　　ヘ　会計検査院

　五　独立行政法人等　次に掲げる法人をいう。

　　イ　独立行政法人（独立行政法人通則法（平成11年法律第103号）第2条第
　　　1項に規定する独立行政法人をいう。ロにおいて同じ。）

　　ロ　法律により直接に設立された法人、特別の法律により特別の設立行為を
　　　もって設立された法人（独立行政法人を除く。）又は特別の法律により設
　　　立され、かつ、その設立に関し行政庁の認可を要する法人のうち、政令で
　　　定めるもの

　六　地方独立行政法人　地方独立行政法人法（平成15年法律第118号）第2条
　　第1項に規定する地方独立行政法人（同法第21条第3号に掲げる業務を行
　　うものを除く。）をいう。

　七　事業者　商業その他の事業を行う者（国、独立行政法人等、地方公共団体
　　及び地方独立行政法人を除く。）をいう。

**（国及び地方公共団体の責務）**

**第3条**　国及び地方公共団体は、この法律の趣旨にのっとり、障害を理由とする
　差別の解消の推進に関して必要な施策を策定し、及びこれを実施しなければな
　らない。

**（国民の責務）**

**第4条**　国民は、第1条に規定する社会を実現する上で障害を理由とする差別の
　解消が重要であることに鑑み、障害を理由とする差別の解消の推進に寄与する
　よう努めなければならない。

**（社会的障壁の除去の実施についての必要かつ合理的な配慮に関する環境の整
備）**

**第5条**　行政機関等及び事業者は、社会的障壁の除去の実施についての必要かつ
　合理的な配慮を的確に行うため、自ら設置する施設の構造の改善及び設備の整
　備、関係職員に対する研修その他の必要な環境の整備に努めなければならない。

### 第2章　障害を理由とする差別の解消の推進に関する基本方針

**第6条**　政府は、障害を理由とする差別の解消の推進に関する施策を総合的かつ一体的に実施するため、障害を理由とする差別の解消の推進に関する基本方針（以下「基本方針」という。）を定めなければならない。

2　基本方針は、次に掲げる事項について定めるものとする。

　一　障害を理由とする差別の解消の推進に関する施策に関する基本的な方向

　二　行政機関等が講ずべき障害を理由とする差別を解消するための措置に関する基本的な事項

　三　事業者が講ずべき障害を理由とする差別を解消するための措置に関する基本的な事項

　四　その他障害を理由とする差別の解消の推進に関する施策に関する重要事項

3　内閣総理大臣は、基本方針の案を作成し、閣議の決定を求めなければならない。

4　内閣総理大臣は、基本方針の案を作成しようとするときは、あらかじめ、障害者その他の関係者の意見を反映させるために必要な措置を講ずるとともに、障害者政策委員会の意見を聴かなければならない。

5　内閣総理大臣は、第三項の規定による閣議の決定があったときは、遅滞なく、基本方針を公表しなければならない。

6　前3項の規定は、基本方針の変更について準用する。

### 第3章　行政機関等及び事業者における障害を理由とする差別を解消するための措置

**（行政機関等における障害を理由とする差別の禁止）**

**第7条**　行政機関等は、その事務又は事業を行うに当たり、障害を理由として障害者でない者と不当な差別的取扱いをすることにより、障害者の権利利益を侵害してはならない。

2　行政機関等は、その事務又は事業を行うに当たり、障害者から現に社会的障壁の除去を必要としている旨の意思の表明があった場合において、その実施に伴う負担が過重でないときは、障害者の権利利益を侵害することとならないよう、当該障害者の性別、年齢及び障害の状態に応じて、社会的障壁の除去の実施について必要かつ合理的な配慮をしなければならない。

**（事業者における障害を理由とする差別の禁止）**

**第8条**　事業者は、その事業を行うに当たり、障害を理由として障害者でない者と不当な差別的取扱いをすることにより、障害者の権利利益を侵害してはなら

ない。

2　事業者は、その事業を行うに当たり、障害者から現に社会的障壁の除去を必要としている旨の意思の表明があった場合において、その実施に伴う負担が過重でないときは、障害者の権利利益を侵害することとならないよう、当該障害者の性別、年齢及び障害の状態に応じて、社会的障壁の除去の実施について必要かつ合理的な配慮をするように努めなければならない。

**（国等職員対応要領）**

**第9条**　国の行政機関の長及び独立行政法人等は、基本方針に即して、第7条に規定する事項に関し、当該国の行政機関及び独立行政法人等の職員が適切に対応するために必要な要領（以下この条及び附則第3条において「国等職員対応要領」という。）を定めるものとする。

2　国の行政機関の長及び独立行政法人等は、国等職員対応要領を定めようとするときは、あらかじめ、障害者その他の関係者の意見を反映させるために必要な措置を講じなければならない。

3　国の行政機関の長及び独立行政法人等は、国等職員対応要領を定めたときは、遅滞なく、これを公表しなければならない。

4　前2項の規定は、国等職員対応要領の変更について準用する。

**（地方公共団体等職員対応要領）**

**第10条**　地方公共団体の機関及び地方独立行政法人は、基本方針に即して、第7条に規定する事項に関し、当該地方公共団体の機関及び地方独立行政法人の職員が適切に対応するために必要な要領（以下この条及び附則第4条において「地方公共団体等職員対応要領」という。）を定めるよう努めるものとする。

2　地方公共団体の機関及び地方独立行政法人は、地方公共団体等職員対応要領を定めようとするときは、あらかじめ、障害者その他の関係者の意見を反映させるために必要な措置を講ずるよう努めなければならない。

3　地方公共団体の機関及び地方独立行政法人は、地方公共団体等職員対応要領を定めたときは、遅滞なく、これを公表するよう努めなければならない。

4　国は、地方公共団体の機関及び地方独立行政法人による地方公共団体等職員対応要領の作成に協力しなければならない。

5　前3項の規定は、地方公共団体等職員対応要領の変更について準用する。

**（事業者のための対応指針）**

**第11条**　主務大臣は、基本方針に即して、第8条に規定する事項に関し、事業者が適切に対応するために必要な指針（以下「対応指針」という。）を定めるものとする。

2　第9条第2項から第4項までの規定は、対応指針について準用する。

**（報告の徴収並びに助言、指導及び勧告）**

**第12条**　主務大臣は、第8条の規定の施行に関し、特に必要があると認めるときは、対応指針に定める事項について、当該事業者に対し、報告を求め、又は助言、指導若しくは勧告をすることができる。

**（事業主による措置に関する特例）**

**第13条**　行政機関等及び事業者が事業主としての立場で労働者に対して行う障害を理由とする差別を解消するための措置については、障害者の雇用の促進等に関する法律（昭和35年法律第123号）の定めるところによる。

### 第4章　障害を理由とする差別を解消するための支援措置

**（相談及び紛争の防止等のための体制の整備）**

**第14条**　国及び地方公共団体は、障害者及びその家族その他の関係者からの障害を理由とする差別に関する相談に的確に応ずるとともに、障害を理由とする差別に関する紛争の防止又は解決を図ることができるよう必要な体制の整備を図るものとする。

**（啓発活動）**

**第15条**　国及び地方公共団体は、障害を理由とする差別の解消について国民の関心と理解を深めるとともに、特に、障害を理由とする差別の解消を妨げている諸要因の解消を図るため、必要な啓発活動を行うものとする。

**（情報の収集、整理及び提供）**

**第16条**　国は、障害を理由とする差別を解消するための取組に資するよう、国内外における障害を理由とする差別及びその解消のための取組に関する情報の収集、整理及び提供を行うものとする。

**（障害者差別解消支援地域協議会）**

**第17条**　国及び地方公共団体の機関であって、医療、介護、教育その他の障害者の自立と社会参加に関連する分野の事務に従事するもの（以下この項及び次条第2項において「関係機関」という。）は、当該地方公共団体の区域において関係機関が行う障害を理由とする差別に関する相談及び当該相談に係る事例を踏まえた障害を理由とする差別を解消するための取組を効果的かつ円滑に行うため、関係機関により構成される障害者差別解消支援地域協議会（以下「協議会」という。）を組織することができる。

2　前項の規定により協議会を組織する国及び地方公共団体の機関は、必要があると認めるときは、協議会に次に掲げる者を構成員として加えることができる。

一　特定非営利活動促進法（平成10年法律第7号）第2条第2項に規定する特定非営利活動法人その他の団体

二　学識経験者

三　その他当該国及び地方公共団体の機関が必要と認める者

**（協議会の事務等）**

**第18条**　協議会は、前条第1項の目的を達するため、必要な情報を交換するとともに、障害者からの相談及び当該相談に係る事例を踏まえた障害を理由とする差別を解消するための取組に関する協議を行うものとする。

2　関係機関及び前条第2項の構成員（次項において「構成機関等」という。）は、前項の協議の結果に基づき、当該相談に係る事例を踏まえた障害を理由とする差別を解消するための取組を行うものとする。

3　協議会は、第1項に規定する情報の交換及び協議を行うため必要があると認めるとき、又は構成機関等が行う相談及び当該相談に係る事例を踏まえた障害を理由とする差別を解消するための取組に関し他の構成機関等から要請があった場合において必要があると認めるときは、構成機関等に対し、相談を行った障害者及び差別に係る事案に関する情報の提供、意見の表明その他の必要な協力を求めることができる。

4　協議会の庶務は、協議会を構成する地方公共団体において処理する。

5　協議会が組織されたときは、当該地方公共団体は、内閣府令で定めるところにより、その旨を公表しなければならない。

**（秘密保持義務）**

**第19条**　協議会の事務に従事する者又は協議会の事務に従事していた者は、正当な理由なく、協議会の事務に関して知り得た秘密を漏らしてはならない。

**（協議会の定める事項）**

**第20条**　前3条に定めるもののほか、協議会の組織及び運営に関し必要な事項は、協議会が定める。


### 第5章　雑則

**（主務大臣）**

**第21条**　この法律における主務大臣は、対応指針の対象となる事業者の事業を所管する大臣又は国家公安委員会とする。

**（地方公共団体が処理する事務）**

**第22条**　第12条に規定する主務大臣の権限に属する事務は、政令で定めるところにより、地方公共団体の長その他の執行機関が行うこととすることができる。

**（権限の委任）**

**第23条**　この法律の規定により主務大臣の権限に属する事項は、政令で定めるところにより、その所属の職員に委任することができる。

**（政令への委任）**

**第24条**　この法律に定めるもののほか、この法律の実施のため必要な事項は、政令で定める。

### 第6章　罰則

**第25条**　第19条の規定に違反した者は、1年以下の懲役又は50万円以下の罰金に処する。

**第26条**　第12条の規定による報告をせず、又は虚偽の報告をした者は、20万円以下の過料に処する。

### 附　則　抄

**（施行期日）**

**第1条**　この法律は、平成28年4月1日から施行する。ただし、次条から附則第6条までの規定は、公布の日から施行する。

**（基本方針に関する経過措置）**

**第2条**　政府は、この法律の施行前においても、第6条の規定の例により、基本方針を定めることができる。この場合において、内閣総理大臣は、この法律の施行前においても、同条の規定の例により、これを公表することができる。

2　前項の規定により定められた基本方針は、この法律の施行の日において第6条の規定により定められたものとみなす。

**（国等職員対応要領に関する経過措置）**

**第3条**　国の行政機関の長及び独立行政法人等は、この法律の施行前においても、第9条の規定の例により、国等職員対応要領を定め、これを公表することができる。

2　前項の規定により定められた国等職員対応要領は、この法律の施行の日において第9条の規定により定められたものとみなす。

**（地方公共団体等職員対応要領に関する経過措置）**

**第4条**　地方公共団体の機関及び地方独立行政法人は、この法律の施行前においても、第10条の規定の例により、地方公共団体等職員対応要領を定め、これを公表することができる。

2　前項の規定により定められた地方公共団体等職員対応要領は、この法律の施

行の日において第十条の規定により定められたものとみなす。

**（対応指針に関する経過措置）**

**第5条**　主務大臣は、この法律の施行前においても、第11条の規定の例により、対応指針を定め、これを公表することができる。

2　前項の規定により定められた対応指針は、この法律の施行の日において第11条の規定により定められたものとみなす。

**（政令への委任）**

**第6条**　この附則に規定するもののほか、この法律の施行に関し必要な経過措置は、政令で定める。

**（検討）**

**第7条**　政府は、この法律の施行後3年を経過した場合において、第8条第2項に規定する社会的障壁の除去の実施についての必要かつ合理的な配慮の在り方その他この法律の施行の状況について検討を加え、必要があると認めるときは、その結果に応じて所要の見直しを行うものとする。


　　　附　則　（令和4年6月17日法律第68号）　抄

**（施行期日）**

1　この法律は、刑法等一部改正法施行日から施行する。ただし、次の各号に掲げる規定は、当該各号に定める日から施行する。

　一　第509条の規定　公布の日

## 2 障害者の雇用の促進等に関する法律

昭和35年法律第123号

### 第1章 総則

**（目的）**

**第1条** この法律は、障害者の雇用義務等に基づく雇用の促進等のための措置、雇用の分野における障害者と障害者でない者との均等な機会及び待遇の確保並びに障害者がその有する能力を有効に発揮することができるようにするための措置、職業リハビリテーションの措置その他障害者がその能力に適合する職業に就くこと等を通じてその職業生活において自立することを促進するための措置を総合的に講じ、もつて障害者の職業の安定を図ることを目的とする。

**（用語の意義）**

**第2条** この法律において、次の各号に掲げる用語の意義は、当該各号に定めるところによる。

一 障害者 身体障害、知的障害、精神障害（発達障害を含む。第六号において同じ。）その他の心身の機能の障害（以下「障害」と総称する。）があるため、長期にわたり、職業生活に相当の制限を受け、又は職業生活を営むことが著しく困難な者をいう。

二 身体障害者 障害者のうち、身体障害がある者であつて別表に掲げる障害があるものをいう。

三 重度身体障害者 身体障害者のうち、身体障害の程度が重い者であつて厚生 労働省令で定めるものをいう。

四 知的障害者 障害者のうち、知的障害がある者であつて厚生労働省令で定めるものをいう。

五 重度知的障害者 知的障害者のうち、知的障害の程度が重い者であつて厚生労働省令で定めるものをいう。

六 精神障害者 障害者のうち、精神障害がある者であつて厚生労働省令で定めるものをいう。

七 職業リハビリテーション 障害者に対して職業指導、職業訓練、職業紹介その他この法律に定める措置を講じ、その職業生活における自立を図ることをいう。

**（基本的理念）**

**第3条** 障害者である労働者は、経済社会を構成する労働者の一員として、職業生活においてその能力を発揮する機会を与えられるものとする。

**第4条**　障害者である労働者は、職業に従事する者としての自覚を持ち、自ら進んで、その能力の開発及び向上を図り、有為な職業人として自立するように努めなければならない。

**（事業主の責務）**

**第5条**　全て事業主は、障害者の雇用に関し、社会連帯の理念に基づき、障害者である労働者が有為な職業人として自立しようとする努力に対して協力する責務を有するものであつて、その有する能力を正当に評価し、適当な雇用の場を与えるとともに適正な雇用管理並びに職業能力の開発及び向上に関する措置を行うことによりその雇用の安定を図るように努めなければならない。

**（国及び地方公共団体の責務）**

**第6条**　国及び地方公共団体は、自ら率先して障害者を雇用するとともに、障害者の雇用について事業主その他国民1般の理解を高めるほか、事業主、障害者その他の関係者に対する援助の措置及び障害者の特性に配慮した職業リハビリテーションの措置を講ずる等障害者の雇用の促進及びその職業の安定を図るために必要な施策を、障害者の福祉に関する施策との有機的な連携を図りつつ総合的かつ効果的に推進するように努めなければならない。

**（障害者雇用対策基本方針）**

**第7条**　厚生労働大臣は、障害者の雇用の促進及びその職業の安定に関する施策の基本となるべき方針（以下「障害者雇用対策基本方針」という。）を策定するものとする。

2　障害者雇用対策基本方針に定める事項は、次のとおりとする。

　一　障害者の就業の動向に関する事項

　二　職業リハビリテーションの措置の総合的かつ効果的な実施を図るため講じようとする施策の基本となるべき事項

　三　前2号に掲げるもののほか、障害者の雇用の促進及びその職業の安定を図るため講じようとする施策の基本となるべき事項

3　厚生労働大臣は、障害者雇用対策基本方針を定めるに当たつては、あらかじめ、労働政策審議会の意見を聴くほか、都道府県知事の意見を求めるものとする。

4　厚生労働大臣は、障害者雇用対策基本方針を定めたときは、遅滞なく、その概要を公表しなければならない。

5　前2項の規定は、障害者雇用対策基本方針の変更について準用する。

### 第2章の2　障害者に対する差別の禁止等

**（障害者に対する差別の禁止）**

**第34条**　事業主は、労働者の募集及び採用について、障害者に対して、障害者でない者と均等な機会を与えなければならない。

**第35条**　事業主は、賃金の決定、教育訓練の実施、福利厚生施設の利用その他の待遇について、労働者が障害者であることを理由として、障害者でない者と不当な差別的取扱いをしてはならない。

**（障害者に対する差別の禁止に関する指針）**

**第36条**　厚生労働大臣は、前2条の規定に定める事項に関し、事業主が適切に対処するために必要な指針（次項において「差別の禁止に関する指針」という。）を定めるものとする。

2　第7条第3項及び第4項の規定は、差別の禁止に関する指針の策定及び変更について準用する。この場合において、同条第3項中「聴くほか、都道府県知事の意見を求める」とあるのは、「聴く」と読み替えるものとする。

**（雇用の分野における障害者と障害者でない者との均等な機会の確保等を図るための措置）**

**第36条の2**　事業主は、労働者の募集及び採用について、障害者と障害者でない者との均等な機会の確保の支障となつている事情を改善するため、労働者の募集及び採用に当たり障害者からの申出により当該障害者の障害の特性に配慮した必要な措置を講じなければならない。ただし、事業主に対して過重な負担を及ぼすこととなるときは、この限りでない。

**第36条の3**　事業主は、障害者である労働者について、障害者でない労働者との均等な待遇の確保又は障害者である労働者の有する能力の有効な発揮の支障となつている事情を改善するため、その雇用する障害者である労働者の障害の特性に配慮した職務の円滑な遂行に必要な施設の整備、援助を行う者の配置その他の必要な措置を講じなければならない。ただし、事業主に対して過重な負担を及ぼすこととなるときは、この限りでない。

**第36条の4**　事業主は、前2条に規定する措置を講ずるに当たつては、障害者の意向を十分に尊重しなければならない。

2　事業主は、前条に規定する措置に関し、その雇用する障害者である労働者からの相談に応じ、適切に対応するために必要な体制の整備その他の雇用管理上必要な措置を講じなければならない。

**（雇用の分野における障害者と障害者でない者との均等な機会の確保等に関する指針）**

**第36条の5**　厚生労働大臣は、前3条の規定に基づき事業主が講ずべき措置に関して、その適切かつ有効な実施を図るために必要な指針（次項において「均等な機会の確保等に関する指針」という。）を定めるものとする。

2　第7条第3項及び第4項の規定は、均等な機会の確保等に関する指針の策定及び変更について準用する。この場合において、同条第3項中「聴くほか、都道府県知事の意見を求める」とあるのは、「聴く」と読み替えるものとする。

**（助言、指導及び勧告）**

**第36条の6**　厚生労働大臣は、第34条、第35条及び第36条の2から第36条の4までの規定の施行に関し必要があると認めるときは、事業主に対して、助言、指導又は勧告をすることができる。

# 3　障害を理由とする差別の解消の推進に関する基本方針

　政府は、障害を理由とする差別の解消の推進に関する法律（平成25年法律第65号。以下「法」という。）第6条第1項の規定に基づき、障害を理由とする差別の解消の推進に関する基本方針（以下「基本方針」という。）を策定する。基本方針は、障害を理由とする差別の解消に向けた、政府の施策の総合的かつ一体的な実施に関する基本的な考え方を示すものである。

## 第1　障害を理由とする差別の解消の推進に関する施策に関する基本的な方向
### 1　法制定の背景及び経過

　近年、障害者の権利擁護に向けた取組が国際的に進展し、平成18年に国連において、障害者の人権及び基本的自由の享有を確保すること並びに障害者の固有の尊厳の尊重を促進するための包括的かつ総合的な国際条約である障害者の権利に関する条約（以下「権利条約」という。）が採択された。我が国は、平成19年に権利条約に署名し、以来、国内法の整備を始めとする取組を進めてきた。

　権利条約は第2条において、「「障害に基づく差別」とは、障害に基づくあらゆる区別、排除又は制限であって、政治的、経済的、社会的、文化的、市民的その他のあらゆる分野において、他の者との平等を基礎として全ての人権及び基本的自由を認識し、享有し、又は行使することを害し、又は妨げる目的又は効果を有するものをいう。障害に基づく差別には、あらゆる形態の差別（合理的配慮の否定を含む。）を含む。」と定義し、その禁止について、締約国に全ての適当な措置を求めている。我が国においては、平成16年の障害者基本法（昭和45年法律第84号）の改正において、障害者に対する差別の禁止が基本的理念として明示され、さらに、平成23年の同法改正の際には、権利条約の趣旨を踏まえ、同法第2条第2号において、社会的障壁について、「障害がある者にとつて日常生活又は社会生活を営む上で障壁となるような社会における事物、制度、慣行、観念その他一切のものをいう。」と定義されるとともに、基本原則として、同法第4条第1項に、「何人も、障害者に対して、障害を理由として、差別することその他の権利利益を侵害する行為をしてはならない」こと、また、同条第2項に、「社会的障壁の除去は、それを必要としている障害者が現に存し、かつ、その実施に伴う負担が過重でないときは、それを怠ることによつて前項の規定に違反することとならないよう、その実施について必要かつ合理的な配慮がされなければならない」ことが規定された。

　法は、障害者基本法の差別の禁止の基本原則を具体化するものであり、全ての国

民が、障害の有無によって分け隔てられることなく、相互に人格と個性を尊重し合いながら共生する社会の実現に向け、障害を理由とする差別の解消を推進することを目的として、平成25年6月に制定された。我が国は、本法の制定を含めた一連の障害者施策に係る取組の成果を踏まえ、平成26年1月に権利条約を締結した。

また、令和3年6月には、事業者による合理的配慮の提供を義務付けるとともに、行政機関相互間の連携の強化を図るほか、相談体制の充実や情報の収集・提供など障害を理由とする差別を解消するための支援措置の強化を内容とする改正法が公布された（障害を理由とする差別の解消の推進に関する法律の一部を改正する法律（令和3年法律第56号））。

## 2 基本的な考え方

### (1) 法の考え方

法は、全ての障害者が、障害者でない者と等しく、基本的人権を享有する個人としてその尊厳が重んぜられ、その尊厳にふさわしい生活を保障される権利を有することを踏まえ、障害を理由とする差別の解消の推進に関する基本的な事項等を定めることにより、障害を理由とする差別の解消を推進することで、共生社会の実現に資することを目的としている。全ての国民が、障害の有無によって分け隔てられることなく、相互に人格と個性を尊重し合いながら共生する社会を実現するためには、日常生活や社会生活における障害者の活動を制限し、社会への参加を制約している社会的障壁を取り除くことが重要である。このため、法は、後述する、障害者に対する不当な差別的取扱い及び合理的配慮の不提供を差別と規定し、行政機関等及び事業者に対し、差別の解消に向けた具体的取組を求めるとともに、普及啓発活動等を通じて、障害者も含めた国民一人一人が、それぞれの立場において自発的に取り組むことを促している。

特に、法に規定された合理的配慮の提供に当たる行為は、既に社会の様々な場面において日常的に実践されているものもある。こうした取組を広く社会に示しつつ、また、権利条約が採用する、障害者が日常生活又は社会生活において受ける制限は、身体障害、知的障害、精神障害（発達障害及び高次脳機能障害を含む。）その他の心身の機能の障害（難病等に起因する障害を含む。）のみに起因するものではなく、社会における様々な障壁と相対することによって生ずるものとする、いわゆる「社会モデル」の考え方の国民全体への浸透を図ることによって、国民一人一人の障害に関する正しい知識の取得や理解が深まるとともに、障害者や行政機関等・事業者、地域住民といった様々な関係者の建設的対話による協力と合意により、共生社会の実現という共通の目標の実現に

向けた取組が推進されることを期待するものである。

## (2) 基本方針と対応要領・対応指針との関係

基本方針に即して、国の行政機関の長及び独立行政法人等においては、当該機関の職員の取組に資するための対応要領を、主務大臣においては、事業者における取組に資するための対応指針を作成することとされている。地方公共団体及び公営企業型以外の地方独立行政法人（以下「地方公共団体等」という。）については、地方分権の観点から、対応要領の作成は努力義務とされているが、積極的に取り組むことが望まれる。

対応要領及び対応指針は、法に規定された不当な差別的取扱い及び合理的配慮について、障害種別に応じた具体例も盛り込みながら分かりやすく示しつつ、行政機関等の職員に徹底し、事業者の取組を促進するとともに、広く国民に周知するものとする。

## (3) 条例との関係

地方公共団体においては、障害を理由とする差別の解消に向けた条例の制定が進められるなど、各地で障害を理由とする差別の解消に係る気運の高まりが見られるところである。法との関係では、地域の実情に即した既存の条例（いわゆる上乗せ・横出し条例を含む。）については引き続き効力を有し、また、新たに制定することも制限されることはなく、障害者にとって身近な地域において、条例の制定も含めた障害を理由とする差別を解消する取組の推進が望まれる。

## 第2 行政機関等及び事業者が講ずべき障害を理由とする差別を解消するための措置に関する共通的な事項

### 1 法の対象範囲

#### (1) 障害者

対象となる障害者は、法第2条第1号に規定する障害者、即ち、身体障害、知的障害、精神障害（発達障害及び高次脳機能障害を含む。）その他の心身の機能の障害（難病等に起因する障害を含む。）（以下「障害」と総称する。）がある者であって、障害及び社会的障壁により継続的に日常生活又は社会生活に相当な制限を受ける状態にあるものである。これは、障害者基本法第2条第1号に規定する障害者の定義と同様であり、いわゆる「社会モデル」の考え方を踏まえている。したがって、法が対象とする障害者の該当性は、当該者の状況

等に応じて個別に判断されることとなり、いわゆる障害者手帳の所持者に限られない。

### (2) 事業者

対象となる事業者は、商業その他の事業を行う者（地方公共団体の経営する企業及び公営企業型地方独立行政法人を含み、国、独立行政法人等、地方公共団体及び公営企業型以外の地方独立行政法人を除く。）であり、目的の営利・非営利、個人・法人の別を問わず、同種の行為を反復継続する意思をもって行う者である。したがって、例えば、個人事業者や対価を得ない無報酬の事業を行う者、非営利事業を行う社会福祉法人や特定非営利活動法人も対象となり、また対面やオンラインなどサービス等の提供形態の別も問わない。

### (3) 対象分野

法は、日常生活及び社会生活全般に係る分野が広く対象となる。ただし、行政機関等及び事業者が事業主としての立場で労働者に対して行う障害を理由とする差別を解消するための措置については、法第13条により、障害者の雇用の促進等に関する法律（昭和35年法律第123号）の定めるところによることとされている。

## 2　不当な差別的取扱い

### (1) 不当な差別的取扱いの基本的な考え方

ア　法は、障害者に対して、正当な理由なく、障害を理由として、財・サービスや各種機会の提供を拒否する又は提供に当たって場所・時間帯などを制限する、障害者でない者に対しては付さない条件を付けることなどにより、障害者の権利利益を侵害することを禁止している。なお、車椅子、補助犬その他の支援機器等の利用や介助者の付添い等の社会的障壁を解消するための手段の利用等を理由として行われる不当な差別的取扱いも、障害を理由とする不当な差別的取扱いに該当する。

また、障害者の事実上の平等を促進し、又は達成するために必要な特別の措置は、不当な差別的取扱いではない。

イ　したがって、障害者を障害者でない者と比べて優遇する取扱い（いわゆる積極的改善措置）、法に規定された障害者に対する合理的配慮の提供による障害者でない者との異なる取扱いや、合理的配慮を提供等するために必要な範囲で、プライバシーに配慮しつつ障害者に障害の状況等を確認することは、

不当な差別的取扱いには当たらない。不当な差別的取扱いとは、正当な理由なく、障害者を、問題となる事務・事業について本質的に関係する諸事情が同じ障害者でない者より不利に扱うことである点に留意する必要がある。

### (2) 正当な理由の判断の視点

正当な理由に相当するのは、障害者に対して、障害を理由として、財・サービスや各種機会の提供を拒否するなどの取扱いが客観的に見て正当な目的の下に行われたものであり、その目的に照らしてやむを得ないと言える場合である。行政機関等及び事業者においては、正当な理由に相当するか否かについて、個別の事案ごとに、障害者、事業者、第三者の権利利益（例：安全の確保、財産の保全、事業の目的・内容・機能の維持、損害発生の防止等）及び行政機関等の事務・事業の目的・内容・機能の維持等の観点に鑑み、具体的場面や状況に応じて総合的・客観的に判断することが必要である。

正当な理由がなく、不当な差別的取扱いに該当すると考えられる例及び正当な理由があるため、不当な差別的取扱いに該当しないと考えられる例としては、次のようなものがある。なお、記載されている内容はあくまでも例示であり、正当な理由に相当するか否かについては、個別の事案ごとに、前述の観点等を踏まえて判断することが必要であること、正当な理由があり不当な差別的取扱いに該当しない場合であっても、合理的配慮の提供を求められる場合には別途の検討が必要であることに留意する。

（正当な理由がなく、不当な差別的取扱いに該当すると考えられる例）

- ・ 障害の種類や程度、サービス提供の場面における本人や第三者の安全性などについて考慮することなく、漠然とした安全上の問題を理由に施設利用を拒否すること。
- ・ 業務の遂行に支障がないにもかかわらず、障害者でない者とは異なる場所での対応を行うこと。
- ・ 障害があることを理由として、障害者に対して、言葉遣いや接客の態度など一律に接遇の質を下げること。
- ・ 障害があることを理由として、具体的場面や状況に応じた検討を行うことなく、障害者に対し一律に保護者や支援者・介助者の同伴をサービスの利用条件とすること。

（正当な理由があるため、不当な差別的取扱いに該当しないと考えられる例）

- ・ 実習を伴う講座において、実習に必要な作業の遂行上具体的な危険の発生が見込まれる障害特性のある障害者に対し、当該実習とは別の実習を設

定すること。

（障害者本人の安全確保の観点）

・　飲食店において、車椅子の利用者が畳敷きの個室を希望した際に、敷物を敷く等、畳を保護するための対応を行うこと。（事業者の損害発生の防止の観点）

・　銀行において口座開設等の手続を行うため、預金者となる障害者本人に同行した者が代筆をしようとした際に、必要な範囲で、プライバシーに配慮しつつ、障害者本人に対し障害の状況や本人の取引意思等を確認すること。（障害者本人の財産の保全の観点）

・　電動車椅子の利用者に対して、通常よりも搭乗手続や保安検査に時間を要することから、十分な研修を受けたスタッフの配置や関係者間の情報共有により所要時間の短縮を図った上で必要最小限の時間を説明するとともに、搭乗に間に合う時間に空港に来てもらうよう依頼すること。（事業の目的・内容・機能の維持の観点）

　行政機関等及び事業者は、正当な理由があると判断した場合には、障害者にその理由を丁寧に説明するものとし、理解を得るよう努めることが望ましい。その際、行政機関等及び事業者と障害者の双方が、お互いに相手の立場を尊重しながら相互理解を図ることが求められる。

### 3　合理的配慮

#### (1) 合理的配慮の基本的な考え方

ア　権利条約第2条において、「合理的配慮」は、「障害者が他の者との平等を基礎として全ての人権及び基本的自由を享有し、又は行使することを確保するための必要かつ適当な変更及び調整であって、特定の場合において必要とされるものであり、かつ、均衡を失した又は過度の負担を課さないもの」と定義されている。

　　法は、権利条約における合理的配慮の定義を踏まえ、行政機関等及び事業者に対し、その事務・事業を行うに当たり、個々の場面において、障害者から現に社会的障壁の除去を必要としている旨の意思の表明があった場合において、その実施に伴う負担が過重でないときは、障害者の権利利益を侵害することとならないよう、社会的障壁の除去の実施について、必要かつ合理的な配慮を行うこと（以下「合理的配慮」という。）を求めている。合理的配慮は、障害者が受ける制限は、障害のみに起因するものではなく、社会における様々な障壁と相対することによって生ずるものとのいわゆる「社会モデル」の考

え方を踏まえたものであり、障害者の権利利益を侵害することとならないよう、障害者が個々の場面において必要としている社会的障壁を除去するための必要かつ合理的な取組であり、その実施に伴う負担が過重でないものである。

イ　合理的配慮は、障害の特性や社会的障壁の除去が求められる具体的場面や状況に応じて異なり、多様かつ個別性の高いものである。また、その内容は、後述する「環境の整備」に係る状況や、技術の進展、社会情勢の変化等に応じて変わり得るものである。

　合理的配慮は、行政機関等及び事業者の事務・事業の目的・内容・機能に照らし、必要とされる範囲で本来の業務に付随するものに限られること、障害者でない者との比較において同等の機会の提供を受けるためのものであること、事務・事業の目的・内容・機能の本質的な変更には及ばないことに留意する必要がある。その提供に当たってはこれらの点に留意した上で、当該障害者が現に置かれている状況を踏まえ、社会的障壁の除去のための手段及び方法について、当該障害者本人の意向を尊重しつつ「(2) 過重な負担の基本的な考え方」に掲げた要素も考慮し、代替措置の選択も含め、双方の建設的対話による相互理解を通じて、必要かつ合理的な範囲で柔軟に対応がなされる必要がある。

　建設的対話に当たっては、障害者にとっての社会的障壁を除去するための必要かつ実現可能な対応案を障害者と行政機関等・事業者が共に考えていくために、双方がお互いの状況の理解に努めることが重要である。例えば、障害者本人が社会的障壁の除去のために普段講じている対策や、行政機関等や事業者が対応可能な取組等を対話の中で共有する等、建設的対話を通じて相互理解を深め、様々な対応策を柔軟に検討していくことが円滑な対応に資すると考えられる。

ウ　現時点における合理的配慮の一例としては以下の例が挙げられる。なお、記載されている内容はあくまでも例示であり、あらゆる事業者が必ずしも実施するものではないこと、以下の例以外であっても合理的配慮に該当するものがあることに留意する。

（合理的配慮の例）

・　車椅子利用者のために段差に携帯スロープを渡す、高い所に陳列された商品を取って渡すなどの物理的環境に係る対応を行うこと。

・　筆談、読み上げ、手話、コミュニケーションボードの活用などによるコミュニケーション、振り仮名や写真、イラストなど分かりやすい表現を使っ

て説明をするなどの意思疎通に係る対応を行うこと。

・　障害の特性に応じた休憩時間の調整や必要なデジタル機器の使用の許可などのルール・慣行の柔軟な変更を行うこと。

・　店内の単独移動や商品の場所の特定が困難な障害者に対し、店内移動と買物の支援を行うこと。

　また、合理的配慮の提供義務違反に該当すると考えられる例及び該当しないと考えられる例としては、次のようなものがある。なお、記載されている内容はあくまでも例示であり、合理的配慮の提供義務違反に該当するか否かについては、個別の事案ごとに、前述の観点等を踏まえて判断することが必要であることに留意する。

（合理的配慮の提供義務違反に該当すると考えられる例）

・　試験を受ける際に筆記が困難なためデジタル機器の使用を求める申出があった場合に、デジタル機器の持込みを認めた前例がないことを理由に、必要な調整を行うことなく一律に対応を断ること。

・　イベント会場内の移動に際して支援を求める申出があった場合に、「何かあったら困る」という抽象的な理由で具体的な支援の可能性を検討せず、支援を断ること。

・　電話利用が困難な障害者から電話以外の手段により各種手続が行えるよう対応を求められた場合に、自社マニュアル上、当該手続は利用者本人による電話のみで手続可能とすることとされていることを理由として、メールや電話リレーサービスを介した電話等の代替措置を検討せずに対応を断ること。

・　自由席での開催を予定しているセミナーにおいて、弱視の障害者からスクリーンや板書等がよく見える席でのセミナー受講を希望する申出があった場合に、事前の座席確保などの対応を検討せずに「特別扱いはできない」という理由で対応を断ること。

（合理的配慮の提供義務に反しないと考えられる例）

・　飲食店において、食事介助等を求められた場合に、当該飲食店が当該業務を事業の一環として行っていないことから、その提供を断ること。（必要とされる範囲で本来の業務に付随するものに限られることの観点）

・　抽選販売を行っている限定商品について、抽選申込みの手続を行うことが困難であることを理由に、当該商品をあらかじめ別途確保しておくよう求められた場合に、当該対応を断ること。（障害者でない者との比較において同等の機会の提供を受けるためのものであることの観点）

・　オンライン講座の配信のみを行っている事業者が、オンラインでの集団
受講では内容の理解が難しいことを理由に対面での個別指導を求められた
場合に、当該対応はその事業の目的・内容とは異なるものであり、対面で
の個別指導を可能とする人的体制・設備も有していないため、当該対応を
断ること。(事務・事業の目的・内容・機能の本質的な変更には及ばない
ことの観点)

・　小売店において、混雑時に視覚障害者から店員に対し、店内を付き添っ
て買物の補助を求められた場合に、混雑時のため付添いはできないが、店
員が買物リストを書き留めて商品を準備することができる旨を提案するこ
と。(過重な負担(人的・体制上の制約)の観点)

また、合理的配慮の提供に当たっては、障害者の性別、年齢、状態等に配
慮するものとし、特に障害のある女性に対しては、障害に加えて女性であ
ることも踏まえた対応が求められることに留意する。

エ　意思の表明に当たっては、具体的場面において、社会的障壁の除去を必要
としている状況にあることを言語(手話を含む。)のほか、点字、拡大文字、
筆談、実物の提示や身振りサイン等による合図、触覚による意思伝達など、
障害者が他人とコミュニケーションを図る際に必要な手段(通訳を介するも
のを含む。)により伝えられる。その際には、社会的障壁を解消するための
方法等を相手に分かりやすく伝えることが望ましい。

また、障害者からの意思表明のみでなく、障害の特性等により本人の意思
表明が困難な場合には、障害者の家族、介助者等、コミュニケーションを支
援する者が、本人を補佐して行う意思の表明も含む。なお、意思の表明が困
難な障害者が、家族や支援者・介助者等を伴っていない場合など、意思の表
明がない場合であっても、当該障害者が社会的障壁の除去を必要としている
ことが明白である場合には、法の趣旨に鑑みれば、当該障害者に対して適切
と思われる配慮を提案するために建設的対話を働きかけるなど、自主的な取
組に努めることが望ましい。

**(2) 過重な負担の基本的な考え方**

過重な負担については、行政機関等及び事業者において、個別の事案ごとに、
以下の要素等を考慮し、具体的場面や状況に応じて総合的・客観的に判断する
ことが必要である。行政機関等及び事業者は、過重な負担に当たると判断した
場合は、障害者に丁寧にその理由を説明するものとし、理解を得るよう努める
ことが望ましい。その際には前述のとおり、行政機関等及び事業者と障害者の

双方が、お互いに相手の立場を尊重しながら、建設的対話を通じて相互理解を図り、代替措置の選択も含めた対応を柔軟に検討することが求められる。

○ 事務・事業への影響の程度（事務・事業の目的・内容・機能を損なうか否か）

○ 実現可能性の程度（物理的・技術的制約、人的・体制上の制約）

○ 費用・負担の程度

○ 事務・事業規模

○ 財政・財務状況

### (3) 環境の整備との関係

ア 環境の整備の基本的な考え方

　法は、個別の場面において、個々の障害者に対して行われる合理的配慮を的確に行うための不特定多数の障害者を主な対象として行われる事前的改善措置（施設や設備のバリアフリー化、意思表示やコミュニケーションを支援するためのサービス・介助者等の人的支援、障害者による円滑な情報の取得・利用・発信のための情報アクセシビリティの向上等）を、環境の整備として行政機関等及び事業者の努力義務としている。環境の整備においては、新しい技術開発が投資負担の軽減をもたらすこともあることから、技術進歩の動向を踏まえた取組が期待される。また、ハード面のみならず、職員に対する研修や、規定の整備等の対応も含まれることが重要である。

　障害を理由とする差別の解消のための取組は、法や高齢者、障害者等の移動等の円滑化の促進に関する法律（平成18年法律第91号）等不特定多数の障害者を対象とした事前的な措置を規定する法令に基づく環境の整備に係る施策や取組を着実に進め、環境の整備と合理的配慮の提供を両輪として進めることが重要である。

イ 合理的配慮と環境の整備

　環境の整備は、不特定多数の障害者向けに事前的改善措置を行うものであるが、合理的配慮は、環境の整備を基礎として、その実施に伴う負担が過重でない場合に、特定の障害者に対して、個別の状況に応じて講じられる措置である。したがって、各場面における環境の整備の状況により、合理的配慮の内容は異なることとなる。

　合理的配慮の提供と環境の整備の関係に係る一例としては以下の例が挙げられる。

・ 障害者から申込書類への代筆を求められた場合に円滑に対応できるよ

う、あらかじめ申込手続における適切な代筆の仕方について店員研修を行う（環境の整備）とともに、障害者から代筆を求められた場合には、研修内容を踏まえ、本人の意向を確認しながら店員が代筆する（合理的配慮の提供）。

・　オンラインでの申込手続が必要な場合に、手続を行うためのウェブサイトが障害者にとって利用しづらいものとなっていることから、手続に際しての支援を求める申出があった場合に、求めに応じて電話や電子メールでの対応を行う（合理的配慮の提供）とともに、以後、障害者がオンライン申込みの際に不便を感じることのないよう、ウェブサイトの改良を行う（環境の整備）。

　なお、多数の障害者が直面し得る社会的障壁をあらかじめ除去するという観点から、他の障害者等への波及効果についても考慮した環境の整備を行うことや、相談・紛争事案を事前に防止する観点からは合理的配慮の提供に関する相談対応等を契機に、行政機関等及び事業者の内部規則やマニュアル等の制度改正等の環境の整備を図ることは有効である。また環境の整備は、障害者との関係が長期にわたる場合においても、その都度の合理的配慮の提供が不要となるという点で、中・長期的なコストの削減・効率化にも資することとなる。

## 第3　行政機関等が講ずべき障害を理由とする差別を解消するための措置に関する基本的な事項

### 1　基本的な考え方

　行政機関等においては、その事務・事業の公共性に鑑み、障害を理由とする差別の解消に率先して取り組む主体として、不当な差別的取扱いの禁止及び合理的配慮の提供が法的義務とされており、国の行政機関の長及び独立行政法人等は、当該機関の職員による取組を確実なものとするため、対応要領を定めることとされている。行政機関等における差別禁止を確実なものとするためには、差別禁止に係る具体的取組と併せて、相談窓口の明確化、職員の研修・啓発の機会の確保等を徹底することが重要であり、対応要領においてこの旨を明記するものとする。

### 2　対応要領

#### (1)　対応要領の位置付け及び作成・変更手続

　対応要領は、行政機関等が事務・事業を行うに当たり、職員が遵守すべき服務規律の一環として定められる必要があり、国の行政機関であれば、各機関の

長が定める訓令等が、また、独立行政法人等については、内部規則の様式に従って定められることが考えられる。

　国の行政機関の長及び独立行政法人等は、対応要領の作成・変更に当たり、障害者その他の関係者を構成員に含む会議の開催、障害者団体等からのヒアリングなど、障害者その他の関係者の意見を反映させるために必要な措置を講ずるとともに、作成等の後は、対応要領を公表しなければならない。

### (2) 対応要領の記載事項

　対応要領の記載事項としては、以下のものが考えられる。なお、具体例を記載する際には、障害特性や年齢、性別、具体的な場面等を考慮したものとなるよう留意することとする。

○　趣旨
○　障害を理由とする不当な差別的取扱い及び合理的配慮の基本的な考え方
○　障害を理由とする不当な差別的取扱い及び合理的配慮の具体例
○　相談体制の整備
○　職員への研修・啓発

### 3　地方公共団体等における対応要領に関する事項

　地方公共団体等における対応要領の作成については、地方分権の趣旨に鑑み、法においては努力義務とされている。地方公共団体等において対応要領を作成・変更する場合には、2（1）及び（2）に準じて行われることが望ましい。国は、地方公共団体等における対応要領の作成等に関し、適時に資料・情報の提供、技術的助言など、所要の支援措置を講ずること等により協力しなければならない。

## 第4　事業者が講ずべき障害を理由とする差別を解消するための措置に関する基本的な事項

### 1　基本的な考え方

　事業者については、令和3年の法改正により、合理的配慮の提供が法的義務へと改められた。これを契機として、事業者においては、各主務大臣が作成する対応指針に基づき、合理的配慮の必要性につき一層認識を深めることが求められる。主務大臣においては、所掌する分野の特性を踏まえたきめ細かな対応を行うものとする。各事業者における取組については、障害を理由とする差別の禁止に係る具体的取組はもとより、相談窓口の整備、事業者の研修・啓発の機会の確保、個別事案への対応を契機とした障害を理由とする差別の解消の推進に資する内部

規則やマニュアルなど制度等の整備等も重要であり、対応指針の作成・変更に当たっては、この旨を明記するものとする。

### 2　対応指針
#### (1)　対応指針の位置付け及び作成・変更手続

　主務大臣は、個別の場面における事業者の適切な対応・判断に資するための対応指針を作成するものとされている。作成・変更に当たっては、障害者や事業者等を構成員に含む会議の開催、障害者団体や事業者団体等からのヒアリングなど、障害者その他の関係者の意見を反映させるために必要な措置を講ずるとともに、作成等の後は、対応指針を公表しなければならない。

　対応指針は事業者の適切な判断に資するために作成されるものであり、盛り込まれる合理的配慮の具体例は、事業者に強制する性格のものではなく、また、それだけに限られるものではない。事業者においては、対応指針を踏まえ、具体的場面や状況に応じて柔軟に対応することが期待される。

　また、対応指針は事業者に加え、障害者が相談を行う際や、国や地方公共団体における相談機関等が相談対応を行う際等にも、相談事案に係る所管府省庁の確認のため参照され得るものであることから、対応指針においては、各主務大臣が所掌する分野及び当該分野に対応する相談窓口を分かりやすく示すことが求められる。

#### (2)　対応指針の記載事項

　対応指針の記載事項としては、以下のものが考えられる。なお、具体例を記載する際には、障害特性や年齢、性別、具体的な場面等を考慮したものとなるよう留意することとする。
- ○　趣旨
- ○　障害を理由とする不当な差別的取扱い及び合理的配慮の基本的な考え方
- ○　障害を理由とする不当な差別的取扱い及び合理的配慮の具体例
- ○　事業者における相談体制の整備
- ○　事業者における研修・啓発、障害を理由とする差別の解消の推進に資する制度等の整備
- ○　国の行政機関（主務大臣）における所掌する分野ごとの相談窓口

### 3　主務大臣による行政措置
事業者における障害を理由とする差別の解消に向けた取組は、主務大臣の定め

る対応指針を参考にして、各事業者により自主的に取組が行われることが期待される。しかしながら、事業者による自主的な取組のみによっては、その適切な履行が確保されず、例えば、事業者が法に反した取扱いを繰り返し、自主的な改善を期待することが困難である場合などには、主務大臣は、法第12条に基づき、特に必要があると認められるときは、事業者に対し、報告を求め、又は助言、指導若しくは勧告をすることができることとされている。また、障害を理由とする差別の解消の推進に関する法律施行令（平成28年政令第32号。以下「施行令」という。）第３条により、各事業法等における監督権限に属する事務を地方公共団体の長等が行うこととされているときは、法第12条に規定する主務大臣の権限に属する事務についても、当該地方公共団体の長等が行うこととされている。この場合であっても、障害を理由とする差別の解消に対処するため特に必要があると認めるときは、主務大臣が自らその事務を行うことは妨げられていない。

こうした行政措置に至る事案を未然に防止するため、主務大臣は、事業者に対して、対応指針に係る十分な情報提供を行うとともに、事業者からの照会・相談に丁寧に対応するなどの取組を積極的に行うものとする。特に、事業者による合理的配慮の提供の義務化に伴い、事業者から様々な相談が寄せられることが見込まれることから、円滑な相談対応等が可能となるよう、各主務大臣は、相談事案に関係する他の主務大臣や地方公共団体など関係機関との連携を十分に図ること等が求められる。また、主務大臣による行政措置に当たっては、事業者における自主的な取組を尊重する法の趣旨に沿って、まず、報告徴収、助言、指導により改善を促すことを基本とする必要がある。主務大臣が事業者に対して行った助言、指導及び勧告については、取りまとめて、毎年国会に報告するものとする。

## 第5　国及び地方公共団体による障害を理由とする差別を解消するための支援措置の実施に関する基本的な事項

### 1　相談及び紛争の防止等のための体制の整備

#### （1）障害を理由とする差別に関する相談対応の基本的な考え方

法第14条において、国及び地方公共団体は、障害者及びその家族その他の関係者からの障害を理由とする差別に関する相談に的確に応ずるとともに、障害を理由とする差別に関する紛争の防止又は解決を図ることができるよう、人材の育成及び確保のための措置その他の必要な体制の整備を図るものとされている。

障害を理由とする差別の解消を効果的に推進するには、公正・中立な立場である相談窓口等の担当者が、障害者や事業者等からの相談等に的確に応じることが必要である。

　国においては、主務大臣がそれぞれの所掌する分野ごとに法第12条に基づく権限を有しており、各府省庁において所掌する分野に応じた相談対応を行っている。また、地方公共団体においては、障害を理由とする差別の解消に関する相談につき分野を問わず一元的に受け付ける窓口や相談員を配置して対応する例、各部署・機関の窓口で対応する例などがある。

　相談対応の基本的なプロセスとしては、以下のような例が考えられる。相談対応過程では相談者及びその相手方から丁寧な事実確認を行った上で、相談窓口や関係部局において対応方針の検討等を行い、建設的対話による相互理解を通じて解決を図ることが望ましい。その際には、障害者の性別、年齢、状態等に配慮するとともに、個人情報の適正な取扱いを確保することが重要である。なお、相談窓口等の担当者とは別に、必要に応じて、相談者となる障害者や事業者に寄り添い、相談に際して必要な支援を行う役割を担う者を置くことも円滑な相談対応に資すると考えられる。

　その上で、基本的な対応での解決が難しい場合は、事案の解決・再発防止に向けた次の段階の取組として、国においては、法第12条に基づく主務大臣による行政措置や、地方公共団体においては、前述の施行令第３条に基づく措置のほか、一部の地方公共団体において条例で定められている報告徴収、助言、指導、勧告、公表などの措置や紛争解決のための措置による対応が考えられる。
（相談対応のプロセスの例）
　　○　相談者への丁寧な事実確認
　　○　関係者（関係部局）における情報共有、対応方針の検討
　　○　相手方への丁寧な事実確認
　　○　関係者（関係部局）における情報共有、事案の評価分析、対応方針の検討
　　○　相談者と相手方との調整、話合いの場の設定
　なお、障害を理由とする差別に関する相談を担うこととされている窓口のみならず、日常的に障害者や事業者と関わる部局等も相談の一次的な受付窓口としての機能を担い得ることに留意する。

## (2) 国及び地方公共団体の役割分担並びに連携・協力に向けた取組

　国及び地方公共団体には、様々な障害を理由とする差別の解消のための相談窓口等が存在している。法は、新たな機関は設置せず、既存の機関等の活用・充実を図ることとしているところ、差別相談の特性上、個々の相談者のニーズに応じた相談窓口等の選択肢が複数あることは望ましく、国及び地方公共団体においては、適切な役割分担の下、相談窓口等の間の連携・協力により業務を

行うことで、障害を理由とする差別の解消に向けて、効率的かつ効果的に対応を行うことが重要である。

　相談対応等に際しては、地域における障害を理由とする差別の解消を促進し、共生社会の実現に資する観点から、まず相談者にとって一番身近な市区町村が基本的な窓口の役割を果たすことが求められる。都道府県は、市区町村への助言や広域的・専門的な事案についての支援・連携を行うとともに、必要に応じて一次的な相談窓口等の役割を担うことが考えられる。また、国においては各府省庁が所掌する分野に応じて相談対応等を行うとともに、市区町村や都道府県のみでは対応が困難な事案について、適切な支援等を行う役割を担うことが考えられる。

　相談対応等においては、このような国・都道府県・市区町村の役割分担を基本としつつ、適切な関係機関との間で必要な連携・協力がなされ、国及び地方公共団体が一体となって適切な対応を図ることができるような取組を、内閣府が中心となり、各府省庁や地方公共団体と連携して推進することが重要である。このため内閣府においては、事業分野ごとの相談窓口の明確化を各府省庁に働きかけ、当該窓口一覧の作成・公表を行うほか、障害者や事業者、都道府県・市区町村等からの相談に対して法令の説明や適切な相談窓口等につなぐ役割を担う国の相談窓口について検討を進め、どの相談窓口等においても対応されないという事案が生じることがないよう取り組む。また、（3）の各相談窓口等に従事する人材の確保・育成の支援及び3の事例の収集・整理・提供を通じた相談窓口等の対応力の強化等にも取り組むこととする。

## （3）人材の確保・育成

　障害を理由とする差別に関する相談の解決を図るためには、障害者や事業者等からの相談を適切に受け止め、対応する人材の確保・育成が重要である。相談対応を行う人材は、公正中立な立場から相談対応を行うとともに、法や解決事例に関する知識、当事者間を調整する能力、連携・協力すべき関係機関に関する知識、障害特性に関する知識等が備わっていることが望ましい。国及び地方公共団体においては、必要な研修の実施等を通じて、相談対応を行う人材の専門性向上、相談対応業務の質向上を図ることが求められる。人材育成に係る取組に格差が生じることのないよう、内閣府においては、相談対応を担う人材育成に係る研修の実施を支援すること等を通じ、国及び地方公共団体における人材育成の取組を推進することとする。

### 2　啓発活動

　障害を理由とする差別については、国民一人一人の障害に関する知識・理解の不足、意識の偏りに起因する面が大きいと考えられる。全ての国民が障害の有無によって分け隔てられることなく、相互に人格と個性を尊重し合いながら共生する社会を実現するためには、障害者に対する障害を理由とする差別は解消されなければならないこと、また障害を理由とする差別が、本人のみならずその家族等にも深い影響を及ぼすことを国民一人一人が認識するとともに、障害を理由とする差別の解消のための取組は、障害者のみならず、全ての国民にとっての共生社会の実現に資するものであることについて、理解を深めることが不可欠である。このため、内閣府を中心に、関係行政機関等と連携して、いわゆる「社会モデル」の考え方も含めた各種啓発活動に積極的に取り組み、国民各層の障害に関する理解を促進するものとする。また、各種啓発活動や研修等の実施に当たっては、障害のある女性は、障害があることに加えて女性であることにより合理的配慮の提供を申し出る場面等において機会が均等に得られなかったり、不当な差別的取扱いを受けやすかったりする場合があるといった意見があること、障害のある性的マイノリティについても同様の意見があること、障害のあるこどもには、成人の障害者とは異なる支援の必要性があることについても理解を促す必要があることに留意する。

### (1)　行政機関等における職員に対する研修

　行政機関等においては、所属する職員一人一人が障害者に対して適切に対応し、また、障害者や事業者等からの相談等に的確に対応するため、法や基本方針、対応要領・対応指針の周知徹底、障害者から話を聞く機会を設けるなどの各種研修等を実施することにより、職員の障害に関する理解の促進を図るものとする。

### (2)　事業者における研修

　事業者においては、障害者に対して適切に対応し、また、障害者及びその家族その他の関係者からの相談等に的確に対応するため、研修等を通じて、法や基本方針、対応指針の普及を図るとともに、障害に関する理解の促進に努めるものとする。内閣府においては、障害者の差別解消に向けた理解促進のためのポータルサイトにおいて、事業者が障害者に対応する際に参考となる対応例等の提供を通じ、事業者を含め社会全体における障害を理由とする差別の解消に向けた理解や取組の進展を図ることとする。

**(3) 地域住民等に対する啓発活動**

ア　国民一人一人が法の趣旨について理解を深め、建設的対話を通じた相互理解が促進されるよう、障害者も含め、広く周知・啓発を行うことが重要である。このため、内閣府を中心に、関係省庁、地方公共団体、事業者、障害者団体、マスメディア等の多様な主体との連携により、インターネットを活用した情報提供、ポスターの掲示、パンフレットの作成・配布、法の説明会やシンポジウム等の開催など、アクセシビリティにも配慮しつつ、多様な媒体を用いた周知・啓発活動に積極的に取り組む。

イ　障害のあるこどもが、幼児教育の段階からその年齢及び能力に応じ、可能な限り障害のないこどもと共に、その特性を踏まえた十分な教育を受けることのできる、権利条約が求めるインクルーシブ教育システムの構築を推進しつつ、家庭や学校を始めとする社会のあらゆる機会を活用し、こどもの頃から年齢を問わず障害に関する知識・理解を深め、全ての障害者が、障害者でない者と等しく、基本的人権を享有する個人であることを認識し、障害の有無にかかわらず共に助け合い・学び合う精神を涵養する。障害のないこどもの保護者に対する働きかけも重要である。

ウ　国は、グループホーム等を含む、障害者関連施設の認可等に際して、周辺住民の同意を求める必要がないことを十分に周知するとともに、地方公共団体においては、当該認可等に際して、周辺住民の同意を求める必要がないことに留意しつつ、住民の理解を得るために積極的な啓発活動を行うことが望ましい。

**3　情報の収集、整理及び提供**

　障害を理由とする差別の解消を推進するためには、事例の共有等を通じて障害を理由とする不当な差別的取扱いや合理的配慮の考え方等に係る共通認識の形成を図ることも重要である。内閣府では、引き続き各府省庁や地方公共団体と連携・協力して事例を収集するとともに、参考となる事案の概要等を分かりやすく整理してデータベース化し、ホームページ等を通じて公表・提供することとする。

　事例の収集・整理に当たっては、個人情報の適正な取扱いを確保しつつ、特に障害のある女性やこども等に対し実態を踏まえた適切な措置の実施が可能となるよう、性別や年齢等の情報が収集できるように努めることとする。あわせて、海外の法制度や差別解消のための取組に係る調査研究等を通じ、権利条約に基づき設置された、障害者の権利に関する委員会を始めとする国際的な動向や情報の集積を図るものとする。

## 4　障害者差別解消支援地域協議会

### (1)　趣旨

　障害を理由とする差別の解消を効果的に推進するには、障害者にとって身近な地域において、主体的な取組がなされることが重要である。地域において日常生活、社会生活を営む障害者の活動は広範多岐にわたり、相談等を行うに当たっては、どの機関がどのような権限を有しているかは必ずしも明らかではない場合があり、また、相談等を受ける機関においても、相談内容によっては当該機関だけでは対応できない場合がある。このため、国の地方支分部局を含め、地域における様々な関係機関が、相談事例等に係る情報の共有・協議を通じて、各自の役割に応じた事案解決のための取組や類似事案の発生防止の取組など、地域における障害を理由とする差別の解消の機運醸成を図り、それぞれの実情に応じた差別の解消のための取組を主体的に行うネットワークとして、障害者差別解消支援地域協議会（以下「協議会」という。）を組織することができることとされている。協議会については、障害者及びその家族の参画を進めるとともに、性別・年齢、障害種別等を考慮して組織することが望ましい。また、情報やノウハウを共有し、関係者が一体となって事案に取り組むという観点から、地域の事業者や事業者団体についても協議会に参画することが有効である。内閣府においては、協議会の設置状況等について公表するものとする。

### (2)　期待される役割

　協議会に期待される役割としては、関係機関から提供された相談事例等について、適切な相談窓口を有する機関の紹介、具体的事案の対応例の共有・協議、協議会の構成機関等における調停、斡旋等の様々な取組による紛争解決、複数の機関で紛争解決等に対応することへの後押し等が考えられる。このほか、関係機関において紛争解決に至った事例や合理的配慮の具体例、相談事案から合理的配慮に係る環境の整備を行うに至った事例などの共有・分析を通じて、構成機関等における業務改善、事案の発生防止のための取組、周知・啓発活動に係る協議等を行うことも期待される。

### (3)　設置促進等に向けた取組

　各地方公共団体における協議会の設置促進のためには、協議会の単独設置が困難な場合等に、必要に応じて圏域単位など複数の市区町村による協議会の共同設置・運営を検討することや、必要な構成員は確保しつつ、他の協議会等と一体的に運営するなど開催形式を柔軟に検討することが効果的と考えられる。

　また、市区町村における協議会の設置等の促進に当たっては都道府県の役割が重要であり、都道府県においては、管内市区町村における協議会の設置・実施状況の把握や好事例の展開等を通じて、市区町村における取組のバックアップを積極的に行うことが望ましい。加えて、都道府県において組織される協議会においても、紛争解決等に向けた取組について、市区町村において組織される協議会を補完・支援する役割が期待される。内閣府においても、地方公共団体の担当者向けの研修の実施を通じ、地域における好事例が他の地域において共有されるための支援を行うなど、体制整備を促進する。

### 第6　その他障害を理由とする差別の解消の推進に関する施策に関する重要事項

　技術の進展、社会情勢の変化等は、特に、合理的配慮について、その内容、程度等に大きな進展をもたらし、また、実施に伴う負担を軽減し得るものであり、こうした動向や不当な差別的取扱い及び合理的配慮の具体例の集積等を踏まえるとともに、国際的な動向も勘案しつつ、必要に応じて、基本方針、対応要領及び対応指針を見直し、適時、充実を図るものとする。基本方針の見直しに当たっては、あらかじめ、障害者その他の関係者の意見を反映させるために必要な措置を講ずるとともに、障害者政策委員会の意見を聴かなければならない。対応要領及び対応指針の見直しに当たっても、障害者その他の関係者の意見を反映させるために必要な措置を講じなければならない。

　行政機関等においては、各種の国家資格の取得等において障害者に不利が生じないよう、高等教育機関に対し、入学試験の実施や国家資格試験の受験資格取得に必要な単位の修得に係る試験の実施等において合理的配慮の提供を促すとともに、国家資格試験の実施等に当たり、障害特性に応じた合理的配慮を提供する。民間資格の試験を実施する事業者に対しても同様に、試験の実施等に当たっての合理的配慮の提供を促す。また、いわゆる欠格条項について、各制度の趣旨や、技術の進展、社会情勢の変化等を踏まえ、適宜、必要な見直しを検討するものとする。

### 附　則

　この基本方針は、障害を理由とする差別の解消の推進に関する法律の一部を改正する法律の施行の日から適用する。

## 4　差別禁止指針

障害者に対する差別の禁止に関する規定に定める事項に関し、事業主が適切に対処するための指針（平成27年厚生労働省告示第116号）

### 第1　趣旨

　この指針は、障害者の雇用の促進等に関する法律（昭和35年法律第123号。以下「法」という。）第36条第1項の規定に基づき、法第34条及び第35条の規定に定める事項に関し、事業主が適切に対処することができるよう、これらの規定により禁止される措置として具体的に明らかにする必要があると認められるものについて定めたものである。

### 第2　基本的な考え方

　全ての事業主は、法第34条及び第35条の規定に基づき、労働者の募集及び採用について、障害者（身体障害、知的障害、精神障害（発達障害を含む。）その他の心身の機能の障害（以下「障害」と総称する。）があるため、長期にわたり、職業生活に相当の制限を受け、又は職業生活を営むことが著しく困難な者をいう。以下同じ。）に対して、障害者でない者と均等な機会を与えなければならず、また、賃金の決定、教育訓練の実施、福利厚生施設の利用その他の待遇について、労働者が障害者であることを理由として、障害者でない者と不当な差別的取扱いをしてはならない。

　ここで禁止される差別は、障害者であることを理由とする差別（直接差別をいい、車いす、補助犬その他の支援器具等の利用、介助者の付添い等の社会的不利を補う手段の利用等を理由とする不当な不利益取扱いを含む。）である。

　また、障害者に対する差別を防止するという観点を踏まえ、障害者も共に働く一人の労働者であるとの認識の下、事業主や同じ職場で働く者が障害の特性に関する正しい知識の取得や理解を深めることが重要である。

### 第3　差別の禁止

　1　募集及び採用

　(1)「募集」とは、労働者を雇用しようとする者が、自ら又は他人に委託して、労働者となろうとする者に対し、その被用者となることを勧誘することをいう。「採用」とは、労働契約を締結することをいい、応募の受付、採用のための選考等募集を除く労働契約の締結に至る一連の手続を含む。

　(2)　募集又は採用に関し、次に掲げる措置のように、障害者であることを理由

として、その対象から障害者を排除することや、その条件を障害者に対して
のみ不利なものとすることは、障害者であることを理由とする差別に該当す
る。ただし、14に掲げる措置を講ずる場合については、障害者であること
を理由とする差別に該当しない。

　イ　障害者であることを理由として、障害者を募集又は採用の対象から排除
　　　すること。

　ロ　募集又は採用に当たって、障害者に対してのみ不利な条件を付すこと。

　ハ　採用の基準を満たす者の中から障害者でない者を優先して採用すること。

(3) (2)に関し、募集に際して一定の能力を有することを条件とすることにつ
　　いては、当該条件が当該企業において業務遂行上特に必要なものと認められ
　　る場合には、障害者であることを理由とする差別に該当しない。一方、募集
　　に当たって、業務遂行上特に必要でないにもかかわらず、障害者を排除する
　　ために条件を付すことは、障害者であることを理由とする差別に該当する。

(4) なお、事業主と障害者の相互理解の観点から、事業主は、応募しようとす
　　る障害者から求人内容について問合せ等があった場合には、当該求人内容に
　　ついて説明することが重要である。また、募集に際して一定の能力を有する
　　ことを条件としている場合、当該条件を満たしているか否かの判断は過重な
　　負担にならない範囲での合理的配慮（法第36条の2から第36条の4までの
　　規定に基づき事業主が講ずべき措置をいう。以下同じ。）の提供を前提に行
　　われるものであり、障害者が合理的配慮の提供があれば当該条件を満たすと
　　考える場合、その旨を事業主に説明することも重要である。

## 2　賃金

(1)「賃金」とは、賃金、給料、手当、賞与その他名称のいかんを問わず、労
　　働の対償として使用者が労働者に支払う全てのものをいう。

(2) 賃金の支払に関し、次に掲げる措置のように、障害者であることを理由と
　　して、その対象から障害者を排除することや、その条件を障害者に対しての
　　み不利なものとすることは、障害者であることを理由とする差別に該当する。
　　ただし、14に掲げる措置を講ずる場合については、障害者であることを理
　　由とする差別に該当しない。

　イ　障害者であることを理由として、障害者に対して一定の手当等の賃金の
　　　支払をしないこと。

　ロ　一定の手当等の賃金の支払に当たって、障害者に対してのみ不利な条件
　　　を付すこと。

**3　配置（業務の配分及び権限の付与を含む。）**

(1)「配置」とは、労働者を一定の職務に就けること又は就いている状態をいい、従事すべき職務における業務の内容及び就業の場所を主要な要素とするものである。

　　なお、配置には、業務の配分及び権限の付与が含まれる。

　　「業務の配分」とは、特定の労働者に対し、ある部門、ラインなどが所掌している複数の業務のうち一定の業務を割り当てることをいい、日常的な業務指示は含まれない。

　　また、「権限の付与」とは、労働者に対し、一定の業務を遂行するに当たって必要な権限を委任することをいう。

(2)　配置に関し、次に掲げる措置のように、障害者であることを理由として、その対象を障害者のみとすることや、その対象から障害者を排除すること、その条件を障害者に対してのみ不利なものとすることは、障害者であることを理由とする差別に該当する。ただし、14に掲げる措置を講ずる場合については、障害者であることを理由とする差別に該当しない。

　　イ　一定の職務への配置に当たって、障害者であることを理由として、その対象を障害者のみとすること又はその対象から障害者を排除すること。

　　ロ　一定の職務への配置に当たって、障害者に対してのみ不利な条件を付すこと。

　　ハ　一定の職務への配置の条件を満たす労働者の中から障害者又は障害者でない者のいずれかを優先して配置すること。

**4　昇進**

(1)「昇進」とは、企業内での労働者の位置付けについて下位の職階から上位の職階への移動を行うことをいう。昇進には、職制上の地位の上方移動を伴わないいわゆる「昇格」も含まれる。

(2)　昇進に関し、次に掲げる措置のように、障害者であることを理由として、その対象から障害者を排除することや、その条件を障害者に対してのみ不利なものとすることは、障害者であることを理由とする差別に該当する。ただし、14に掲げる措置を講ずる場合については、障害者であることを理由とする差別に該当しない。

　　イ　障害者であることを理由として、障害者を一定の役職への昇進の対象から排除すること。

　　ロ　一定の役職への昇進に当たって、障害者に対してのみ不利な条件を付すこと。

　　ハ　一定の役職への昇進基準を満たす労働者が複数いる場合に、障害者でな

い者を優先して昇進させること。

## 5　降格

(1)「降格」とは、企業内での労働者の位置付けについて上位の職階から下位
　の職階への移動を行うことをいい、昇進の反対の措置である場合と、昇格の
　反対の措置である場合の双方が含まれる。

(2)　降格に関し、次に掲げる措置のように、障害者であることを理由として、
　その対象を障害者とすることや、その条件を障害者に対してのみ不利なもの
　とすることは、障害者であることを理由とする差別に該当する。ただし、14
　に掲げる措置を講ずる場合については、障害者であることを理由とする差別
　に該当しない。

　　イ　障害者であることを理由として、障害者を降格の対象とすること。

　　ロ　降格に当たって、障害者に対してのみ不利な条件を付すこと。

　　ハ　降格の対象となる労働者を選定するに当たって、障害者を優先して対象
　　　とすること。

## 6　教育訓練

(1)「教育訓練」とは、事業主が、その雇用する労働者に対して、その労働者
　の業務の遂行の過程外（いわゆる「オフ・ザ・ジョブ・トレーニング」）に
　おいて又は当該業務の遂行の過程内（いわゆる「オン・ザ・ジョブ・トレー
　ニング」）において、現在及び将来の業務の遂行に必要な能力を付与するた
　めに行うものをいう。

(2)　教育訓練に関し、次に掲げる措置のように、障害者であることを理由と
　して、その対象から障害者を排除することや、その条件を障害者に対しての
　み不利なものとすることは、障害者であることを理由とする差別に該当する。
　ただし、14に掲げる措置を講ずる場合については、障害者であることを理
　由とする差別に該当しない。

　　イ　障害者であることを理由として、障害者に教育訓練を受けさせないこと。

　　ロ　教育訓練の実施に当たって、障害者に対してのみ不利な条件を付すこと。

　　ハ　教育訓練の対象となる労働者を選定するに当たって、障害者でない者を
　　　優先して対象とすること。

## 7　福利厚生

(1)「福利厚生の措置」とは、労働者の福祉の増進のために定期的に行われる

　金銭の給付、住宅の貸与その他の労働者の福利厚生を目的とした措置をいう。

(2) 福利厚生の措置に関し、次に掲げる措置のように、障害者であることを理由として、その対象から障害者を排除することや、その条件を障害者に対してのみ不利なものとすることは、障害者であることを理由とする差別に該当する。ただし、14に掲げる措置を講ずる場合については、障害者であることを理由とする差別に該当しない。

　イ　障害者であることを理由として、障害者に対して福利厚生の措置を講じないこと。

　ロ　福利厚生の措置の実施に当たって、障害者に対してのみ不利な条件を付すこと。

　ハ　障害者でない者を優先して福利厚生の措置の対象とすること。


## 8　職種の変更

(1)「職種」とは、職務や職責の類似性に着目して分類されるものであり、「営業職」・「技術職」の別や、「総合職」・「一般職」の別などがある。

(2) 職種の変更に関し、次に掲げる措置のように、障害者であることを理由として、その対象を障害者のみとすることや、その対象から障害者を排除すること、その条件を障害者に対してのみ不利なものとすることは、障害者であることを理由とする差別に該当する。ただし、14に掲げる措置を講ずる場合については、障害者であることを理由とする差別に該当しない。

　イ　職種の変更に当たって、障害者であることを理由として、その対象を障害者のみとすること又はその対象から障害者を排除すること。

　ロ　職種の変更に当たって、障害者に対してのみ不利な条件を付すこと。

　ハ　職種の変更の基準を満たす労働者の中から障害者又は障害者でない者のいずれかを優先して職種の変更の対象とすること。


## 9　雇用形態の変更

(1)「雇用形態」とは、労働契約の期間の定めの有無、所定労働時間の長短等により分類されるものであり、いわゆる「正社員」、「パートタイム労働者」、「契約社員」などがある。

(2) 雇用形態の変更に関し、次に掲げる措置のように、障害者であることを理由として、その対象を障害者のみとすることや、その対象から障害者を排除すること、その条件を障害者に対してのみ不利なものとすることは、障害者であることを理由とする差別に該当する。ただし、14に掲げる措置を講ず

る場合については、障害者であることを理由とする差別に該当しない。

イ　雇用形態の変更に当たって、障害者であることを理由として、その対象を障害者のみとすること又はその対象から障害者を排除すること。

ロ　雇用形態の変更に当たって、障害者に対してのみ不利な条件を付すこと。

ハ　雇用形態の変更の基準を満たす労働者の中から障害者又は障害者でない者のいずれかを優先して雇用形態の変更の対象とすること。

**10　退職の勧奨**

(1)「退職の勧奨」とは、雇用する労働者に対し退職を促すことをいう。

(2) 退職の勧奨に関し、次に掲げる措置のように、障害者であることを理由として、その対象を障害者とすることや、その条件を障害者に対してのみ不利なものとすることは、障害者であることを理由とする差別に該当する。ただし、14に掲げる措置を講ずる場合については、障害者であることを理由とする差別に該当しない。

イ　障害者であることを理由として、障害者を退職の勧奨の対象とすること。

ロ　退職の勧奨に当たって、障害者に対してのみ不利な条件を付すこと。

ハ　障害者を優先して退職の勧奨の対象とすること。

**11　定年**

(1)「定年」とは、労働者が一定年齢に達したことを雇用関係の終了事由とする制度をいう。

(2) 定年に関し、次に掲げる措置のように、障害者であることを理由として、その対象を障害者のみとすることや、その条件を障害者に対してのみ不利なものとすることは、障害者であることを理由とする差別に該当する。ただし、14に掲げる措置を講ずる場合については、障害者であることを理由とする差別に該当しない。

イ　障害者に対してのみ定年の定めを設けること。

ロ　障害者の定年について、障害者でない者の定年より低い年齢とすること。

**12　解雇**

(1)「解雇」とは、労働契約を将来に向かって解約する事業主の一方的な意思表示をいい、労使の合意による退職は含まない。

(2) 解雇に関し、次に掲げる措置のように、障害者であることを理由として、その対象を障害者とすることや、その条件を障害者に対してのみ不利なもの

とすることは、障害者であることを理由とする差別に該当する。ただし、14に掲げる措置を講ずる場合については、障害者であることを理由とする差別に該当しない。

　イ　障害者であることを理由として、障害者を解雇の対象とすること。

　ロ　解雇の対象を一定の条件に該当する者とする場合において、障害者に対してのみ不利な条件を付すこと。

　ハ　解雇の基準を満たす労働者の中で、障害者を優先して解雇の対象とすること。

**13　労働契約の更新**

(1)「労働契約の更新」とは、期間の定めのある労働契約について、期間の満了に際して、従前の契約と基本的な内容が同一である労働契約を締結することをいう。

(2) 労働契約の更新に関し、次に掲げる措置のように、障害者であることを理由として、その対象から障害者を排除することや、その条件を障害者に対してのみ不利なものとすることは、障害者であることを理由とする差別に該当する。ただし、14に掲げる措置を講ずる場合については、障害者であることを理由とする差別に該当しない。

　イ　障害者であることを理由として、障害者について労働契約の更新をしないこと。

　ロ　労働契約の更新に当たって、障害者に対してのみ不利な条件を付すこと。

　ハ　労働契約の更新の基準を満たす労働者の中から、障害者でない者を優先して労働契約の更新の対象とすること。

**14　法違反とならない場合**

　1から13までに関し、次に掲げる措置を講ずることは、障害者であることを理由とする差別に該当しない。

　イ　積極的差別是正措置として、障害者でない者と比較して障害者を有利に取り扱うこと。

　ロ　合理的配慮を提供し、労働能力等を適正に評価した結果として障害者でない者と異なる取扱いをすること。

　ハ　合理的配慮に係る措置を講ずること（その結果として、障害者でない者と異なる取扱いとなること）。

　ニ　障害者専用の求人の採用選考又は採用後において、仕事をする上での能力及び適性の判断、合理的配慮の提供のためなど、雇用管理上必要な範囲で、プライバシーに配慮しつつ、障害者に障害の状況等を確認すること。

# 5　合理的配慮指針

雇用の分野における障害者と障害者でない者との均等な機会若しくは待遇の確保
又は障害者である労働者の有する能力の有効な発揮の支障となっている事情を改
善するために事業主が講ずべき措置に関する指針（平成27年厚生労働省告示第
117号）

## 第1　趣旨

　この指針は、障害者の雇用の促進等に関する法律（昭和35年法律第123号。以下
「法」という。）第36条の5第1項の規定に基づき、法第36条の2から第36条の4
までの規定に基づき事業主が講ずべき措置（以下「合理的配慮」という。）に関して、
その適切かつ有効な実施を図るために必要な事項について定めたものである。

## 第2　基本的な考え方

　全ての事業主は、法第36条の2から第36条の4までの規定に基づき、労働者
の募集及び採用について、障害者（身体障害、知的障害、精神障害（発達障害を
含む。）その他の心身の機能の障害（以下「障害」と総称する。）があるため、長
期にわたり、職業生活に相当の制限を受け、又は職業生活を営むことが著しく困
難な者をいう。以下同じ。）と障害者でない者との均等な機会の確保の支障となっ
ている事情を改善するため、労働者の募集及び採用に当たり障害者からの申出に
より当該障害者の障害の特性に配慮した必要な措置を講じなければならず、また、
障害者である労働者について、障害者でない労働者との均等な待遇の確保又は障
害者である労働者の有する能力の有効な発揮の支障となっている事情を改善する
ため、その雇用する障害者である労働者の障害の特性に配慮した職務の円滑な遂
行に必要な施設の整備、援助を行う者の配置その他の必要な措置を講じなければ
ならない。ただし、事業主に対して過重な負担を及ぼすこととなるときは、この
限りでない。

　合理的配慮に関する基本的な考え方は、以下のとおりである。

1　合理的配慮は、個々の事情を有する障害者と事業主との相互理解の中で提供
　されるべき性質のものであること。
2　合理的配慮の提供は事業主の義務であるが、採用後の合理的配慮について、
　事業主が必要な注意を払ってもその雇用する労働者が障害者であることを知り
　得なかった場合には、合理的配慮の提供義務違反を問われないこと。
3　過重な負担にならない範囲で、職場において支障となっている事情等を改善

する合理的配慮に係る措置が複数あるとき、事業主が、障害者との話合いの下、その意向を十分に尊重した上で、より提供しやすい措置を講ずることは差し支えないこと。

　また、障害者が希望する合理的配慮に係る措置が過重な負担であるとき、事業主は、当該障害者との話合いの下、その意向を十分に尊重した上で、過重な負担にならない範囲で合理的配慮に係る措置を講ずること。

4　合理的配慮の提供が円滑になされるようにするという観点を踏まえ、障害者も共に働く一人の労働者であるとの認識の下、事業主や同じ職場で働く者が障害の特性に関する正しい知識の取得や理解を深めることが重要であること。

### 第3　合理的配慮の手続

**1　募集及び採用時における合理的配慮の提供について**

**(1)　障害者からの合理的配慮の申出**

　募集及び採用時における合理的配慮が必要な障害者は、事業主に対して、募集及び採用に当たって支障となっている事情及びその改善のために希望する措置の内容を申し出ること。

　その際、障害者が希望する措置の内容を具体的に申し出ることが困難な場合は、支障となっている事情を明らかにすることで足りること。

　なお、合理的配慮に係る措置の内容によっては準備に一定の時間がかかる場合があることから、障害者には、面接日等までの間に時間的余裕をもって事業主に申し出ることが求められること。

**(2)　合理的配慮に係る措置の内容に関する話合い**

　事業主は、障害者からの合理的配慮に関する事業主への申出を受けた場合であって、募集及び採用に当たって支障となっている事情が確認された場合、合理的配慮としてどのような措置を講ずるかについて当該障害者と話合いを行うこと。

　なお、障害者が希望する措置の内容を具体的に申し出ることが困難な場合は、事業主は実施可能な措置を示し、当該障害者と話合いを行うこと。

**(3)　合理的配慮の確定**

　合理的配慮の提供義務を負う事業主は、障害者との話合いを踏まえ、その意向を十分に尊重しつつ、具体的にどのような措置を講ずるかを検討し、講ずることとした措置の内容又は当該障害者から申出があった具体的な措置が過重な負担に当たると判断した場合には、当該措置を実施できないことを当該障害者に伝えること。

　その検討及び実施に際して、過重な負担にならない範囲で、募集及び採用に

当たって支障となっている事情等を改善する合理的配慮に係る措置が複数あるとき、事業主が、障害者との話合いの下、その意向を十分に尊重した上で、より提供しやすい措置を講ずることは差し支えないこと。また、障害者が希望する合理的配慮に係る措置が過重な負担であったとき、事業主は、当該障害者との話合いの下、その意向を十分に尊重した上で、過重な負担にならない範囲で、合理的配慮に係る措置を講ずること。

　講ずることとした措置の内容等を障害者に伝える際、当該障害者からの求めに応じて、当該措置を講ずることとした理由又は当該措置を実施できない理由を説明すること。


**2　採用後における合理的配慮の提供について**

**(1)　事業主の職場において支障となっている事情の有無等の確認**

　労働者が障害者であることを雇入れ時までに把握している場合には、事業主は、雇入れ時までに当該障害者に対して職場において支障となっている事情の有無を確認すること。

　また、

イ　労働者が障害者であることを雇入れ時までに把握できなかった場合については、障害者であることを把握した際に、

ロ　労働者が雇入れ時に障害者でなかった場合については、障害者となったことを把握した際に、

事業主は、当該障害者に対し、遅滞なく、職場において支障となっている事情の有無を確認すること。

　さらに、障害の状態や職場の状況が変化することもあるため、事業主は、必要に応じて定期的に職場において支障となっている事情の有無を確認すること。

　なお、障害者は、事業主からの確認を待たず、当該事業主に対して自ら職場において支障となっている事情を申し出ることが可能であること。

　事業主は、職場において支障となっている事情があれば、その改善のために障害者が希望する措置の内容を確認すること。

　その際、障害者が希望する措置の内容を具体的に申し出ることが困難な場合は、支障となっている事情を明らかにすることで足りること。障害者が自ら合理的配慮の提供を希望することを申し出た場合も同様とする。

**(2)　合理的配慮に係る措置の内容に関する話合い（1　(2)　と同様）**

　事業主は、障害者に対する合理的配慮の提供が必要であることを確認した場合には、合理的配慮としてどのような措置を講ずるかについて当該障害者と話

合いを行うこと。

　なお、障害者が希望する措置の内容を具体的に申し出ることが困難な場合は、事業主は実施可能な措置を示し、当該障害者と話合いを行うこと。

## (3)　合理的配慮の確定（1　(3)　と同様）

　合理的配慮の提供義務を負う事業主は、障害者との話合いを踏まえ、その意向を十分に尊重しつつ、具体的にどのような措置を講ずるかを検討し、講ずることとした措置の内容又は当該障害者から申出があった具体的な措置が過重な負担に当たると判断した場合には、当該措置を実施できないことを当該障害者に伝えること。なお、当該措置の実施に一定の時間がかかる場合は、その旨を当該障害者に伝えること。

　その検討及び実施に際して、過重な負担にならない範囲で、職場において支障となっている事情等を改善する合理的配慮に係る措置が複数あるとき、事業主が、障害者との話合いの下、その意向を十分に尊重した上で、より提供しやすい措置を講ずることは差し支えないこと。また、障害者が希望する合理的配慮に係る措置が過重な負担であったとき、事業主は、当該障害者との話合いの下、その意向を十分に尊重した上で、過重な負担にならない範囲で、合理的配慮に係る措置を講ずること。

　講ずることとした措置の内容等を障害者に伝える際、当該障害者からの求めに応じて、当該措置を講ずることとした理由又は当該措置を実施できない理由を説明すること。


### 3　その他

　合理的配慮の手続において、障害者の意向を確認することが困難な場合、就労支援機関の職員等に当該障害者を補佐することを求めても差し支えないこと。


## 第4　合理的配慮の内容

### 1　合理的配慮の内容

合理的配慮とは、次に掲げる措置（第5の過重な負担に当たる措置を除く。）であること。

#### (1)　募集及び採用時における合理的配慮

　障害者と障害者でない者との均等な機会の確保の支障となっている事情を改善するために講ずる障害者の障害の特性に配慮した必要な措置

#### (2)　採用後における合理的配慮

　障害者である労働者について、障害者でない労働者との均等な待遇の確保又

は障害者である労働者の有する能力の有効な発揮の支障となっている事情を改善するために講ずるその障害者である労働者の障害の特性に配慮した職務の円滑な遂行に必要な施設の整備、援助を行う者の配置その他の必要な措置

　なお、採用後に講ずる合理的配慮は職務の円滑な遂行に必要な措置であることから、例えば、次に掲げる措置が合理的配慮として事業主に求められるものではないこと。

イ　障害者である労働者の日常生活のために必要である眼鏡や車いす等を提供すること。

ロ　中途障害により、配慮をしても重要な職務遂行に支障を来すことが合理的配慮の手続の過程において判断される場合に、当該職務の遂行を継続させること。ただし、当該職務の遂行を継続させることができない場合には、別の職務に就かせることなど、個々の職場の状況に応じた他の合理的配慮を検討することが必要であること。

### 2　合理的配慮の事例

　合理的配慮の事例として、多くの事業主が対応できると考えられる措置の例は別表のとおりであること。なお、合理的配慮は個々の障害者である労働者の障害の状態や職場の状況に応じて提供されるものであるため、多様性があり、かつ、個別性が高いものであること。したがって、別表に記載されている事例はあくまでも例示であり、あらゆる事業主が必ずしも実施するものではなく、また、別表に記載されている事例以外であっても合理的配慮に該当するものがあること。

## 第5　過重な負担

　合理的配慮の提供の義務については、事業主に対して「過重な負担」を及ぼすこととなる場合は除くこととしている。

### 1　過重な負担の考慮要素

　事業主は、合理的配慮に係る措置が過重な負担に当たるか否かについて、次に掲げる要素を総合的に勘案しながら、個別に判断すること。

(1)　事業活動への影響の程度

　　当該措置を講ずることによる事業所における生産活動やサービス提供への影響その他の事業活動への影響の程度をいう。

(2)　実現困難度

事業所の立地状況や施設の所有形態等による当該措置を講ずるための機器や人材の確保、設備の整備等の困難度をいう。

(3) 費用・負担の程度

当該措置を講ずることによる費用・負担の程度をいう。

ただし、複数の障害者から合理的配慮に関する要望があった場合、それらの複数の障害者に係る措置に要する費用・負担も勘案して判断することとなること。

(4) 企業の規模

当該企業の規模に応じた負担の程度をいう。

(5) 企業の財務状況

当該企業の財務状況に応じた負担の程度をいう。

(6) 公的支援の有無

当該措置に係る公的支援を利用できる場合は、その利用を前提とした上で判断することとなること。

### 2　過重な負担に当たると判断した場合

事業主は、障害者から申出があった具体的な措置が過重な負担に当たると判断した場合には、当該措置を実施できないことを当該障害者に伝えるとともに、当該障害者からの求めに応じて、当該措置が過重な負担に当たると判断した理由を説明すること。また、事業主は、障害者との話合いの下、その意向を十分に尊重した上で、過重な負担にならない範囲で合理的配慮に係る措置を講ずること。

### 第6　相談体制の整備等

事業主は、法第36条の3に規定する措置に関し、その雇用する障害者である労働者からの相談に応じ、適切に対応するため、雇用管理上次の措置を講じなければならない。

### 1　相談に応じ、適切に対応するために必要な体制の整備

(1) 相談への対応のための窓口（以下この1において「相談窓口」という。）をあらかじめ定め、労働者に周知すること。

（相談窓口をあらかじめ定めていると認められる例）

イ　相談に対応する担当者・部署をあらかじめ定めること。

ロ　外部の機関に相談への対応を委託すること。

(2) 相談窓口の担当者が、相談に対し、その内容や相談者の状況に応じ適切に

対応できるよう必要な措置を講ずること。

## 2 採用後における合理的配慮に関する相談があったときの適切な対応

(1) 職場において支障となっている事情の有無を迅速に確認すること。

(2) 職場において支障となっている事情が確認された場合、合理的配慮の手続を適切に行うこと。

## 3 相談者のプライバシーを保護するために必要な措置

採用後における合理的配慮に係る相談者の情報は、当該相談者のプライバシーに属するものであることから、相談者のプライバシーを保護するために必要な措置を講ずるとともに、当該措置を講じていることについて、労働者に周知すること。

## 4 相談をしたことを理由とする不利益取扱いの禁止

障害者である労働者が採用後における合理的配慮に関し相談をしたことを理由として、解雇その他の不利益な取扱いを行ってはならない旨を定め、労働者にその周知・啓発をすること。

(不利益な取扱いを行ってはならない旨を定め、労働者にその周知・啓発をすることについて措置を講じていると認められる例)

(1) 就業規則その他の職場における職務規律等を定めた文書において、障害者である労働者が採用後における合理的配慮に関し相談をしたこと又は事実関係の確認に協力したこと等を理由として、当該障害者である労働者が解雇等の不利益な取扱いをされない旨を規定し、労働者に周知・啓発をすること。

(2) 社内報、パンフレット、社内ホームページ等の広報又は啓発のための資料等に、障害者である労働者が採用後における合理的配慮に関し相談をしたこと又は事実関係の確認に協力したこと等を理由として、当該障害者である労働者が解雇等の不利益な取扱いをされない旨を記載し、労働者に配布等すること。

## 5 その他

これらの相談体制の整備等に当たっては、障害者である労働者の疑義の解消や苦情の自主的な解決に資するものであることに留意すること。

別表

1　合理的配慮の事例として、多くの事業主が対応できると考えられる措置の例は、この表の第一欄に掲げる障害区分に応じ、それぞれこの表の第二欄に掲げる場面ごとに講ずるこの表の第三欄に掲げる事例であること。

2　合理的配慮は、個々の障害者である労働者の障害（障害が重複している場合を含む。）の状態や職場の状況に応じて提供されるものであり、多様性があり、かつ、個別性が高いものであること。したがって、ここに記載されている事例はあくまでも例示であり、あらゆる事業主が必ずしも実施するものではなく、また、ここに記載されている事例以外であっても合理的配慮に該当するものがあること。

3　採用後の事例における障害については、中途障害によるものを含むこと。

| 障害区分 | 場面 | 事　　例 |
|---|---|---|
| 視覚障害 | 募集及び採用時 | ・　募集内容について、音声等で提供すること。<br>・　採用試験について、点字や音声等による実施や、試験時間の延長を行うこと。 |
| | 採用後 | ・　業務指導や相談に関し、担当者を定めること。<br>・　拡大文字、音声ソフト等の活用により業務が遂行できるようにすること。<br>・　出退勤時刻・休暇・休憩に関し、通院・体調に配慮すること。<br>・　職場内の机等の配置、危険箇所を事前に確認すること。<br>・　移動の支障となる物を通路に置かない、机の配置や打合せ場所を工夫する等により職場内での移動の負担を軽減すること。<br>・　本人のプライバシーに配慮した上で、他の労働者に対し、障害の内容や必要な配慮等を説明すること。 |
| 聴覚・言語障害 | 募集及び採用時 | ・　面接時に、就労支援機関の職員等の同席を認めること。<br>・　面接を筆談等により行うこと。 |
| | 採用後 | ・　業務指導や相談に関し、担当者を定めること。<br>・　業務指示・連絡に際して、筆談やメール等を利用すること。<br>・　出退勤時刻・休暇・休憩に関し、通院・体調に配慮すること。<br>・　危険箇所や危険の発生等を視覚で確認できるようにすること。<br>・　本人のプライバシーに配慮した上で、他の労働者に対し、障害の内容や必要な配慮等を説明すること。 |

| 障害区分 | 場面 | 事　例 |
|---|---|---|
| 肢体不自由 | 募集及び採用時 | ・　面接の際にできるだけ移動が少なくて済むようにすること。 |
| | 採用後 | ・　業務指導や相談に関し、担当者を定めること。<br>・　移動の支障となる物を通路に置かない、机の配置や打合せ場所を工夫する等により職場内での移動の負担を軽減すること。<br>・　机の高さを調節すること等作業を可能にする工夫を行うこと。<br>・　スロープ、手すり等を設置すること。<br>・　体温調整しやすい服装の着用を認めること。<br>・　出退勤時刻・休暇・休憩に関し、通院・体調に配慮すること。<br>・　本人のプライバシーに配慮した上で、他の労働者に対し、障害の内容や必要な配慮等を説明すること。 |
| 内部障害 | 募集及び採用時 | ・　面接時間について、体調に配慮すること。 |
| | 採用後 | ・　業務指導や相談に関し、担当者を定めること。<br>・　出退勤時刻・休暇・休憩に関し、通院・体調に配慮すること。<br>・　本人の負担の程度に応じ、業務量等を調整すること。<br>・　本人のプライバシーに配慮した上で、他の労働者に対し、障害の内容や必要な配慮等を説明すること。 |
| 知的障害 | 募集及び採用時 | ・　面接時に、就労支援機関の職員等の同席を認めること。 |
| | 採用後 | ・　業務指導や相談に関し、担当者を定めること。<br>・　本人の習熟度に応じて業務量を徐々に増やしていくこと。<br>・　図等を活用した業務マニュアルを作成する、業務指示は内容を明確にし、一つずつ行う等作業手順を分かりやすく示すこと。<br>・　出退勤時刻・休暇・休憩に関し、通院・体調に配慮すること。<br>・　本人のプライバシーに配慮した上で、他の労働者に対し、障害の内容や必要な配慮等を説明すること。 |
| 精神障害 | 募集及び採用時 | ・　面接時に、就労支援機関の職員等の同席を認めること。 |
| | 採用後 | ・　業務指導や相談に関し、担当者を定めること。<br>・　業務の優先順位や目標を明確にし、指示を一つずつ出す、作業手順を分かりやすく示したマニュアルを作成する等の対応を行うこと。<br>・　出退勤時刻・休暇・休憩に関し、通院・体調に配慮すること。<br>・　できるだけ静かな場所で休憩できるようにすること。 |

| 障害区分 | 場面 | 事 例 |
|---|---|---|
| 精神障害 | | ・ 本人の状況を見ながら業務量等を調整すること。<br>・ 本人のプライバシーに配慮した上で、他の労働者に対し、障害の内容や必要な配慮等を説明すること。 |
| 発達障害 | 募集及び採用時 | ・ 面接時に、就労支援機関の職員等の同席を認めること。<br>・ 面接・採用試験について、文字によるやりとりや試験時間の延長等を行うこと。 |
| | 採用後 | ・ 業務指導や相談に関し、担当者を定めること。<br>・業務指示やスケジュールを明確にし、指示を一つずつ出す、作業手順について図等を活用したマニュアルを作成する等の対応を行うこと。<br>・ 出退勤時刻・休暇・休憩に関し、通院・体調に配慮すること。<br>・ 感覚過敏を緩和するため、サングラスの着用や耳栓の使用を認める等の対応を行うこと。<br>・ 本人のプライバシーに配慮した上で、他の労働者に対し、障害の内容や必要な配慮等を説明すること。 |
| 難病に起因する障害 | 募集及び採用時 | ・ 面接時間について、体調に配慮すること。<br>・ 面接時に、就労支援機関の職員等の同席を認めること。 |
| | 採用後 | ・ 業務指導や相談に関し、担当者を定めること。<br>・ 出退勤時刻・休暇・休憩に関し、通院・体調に配慮すること。<br>・ 本人の負担の程度に応じ、業務量等を調整すること。<br>・ 本人のプライバシーに配慮した上で、他の労働者に対し、障害の内容や必要な配慮等を説明すること。 |
| 高次脳機能障害 | 募集及び採用時 | ・ 面接時に、就労支援機関の職員等の同席を認めること。 |
| | 採用後 | ・ 業務指導や相談に関し、担当者を定めること。<br>・ 仕事内容等をメモにする、一つずつ業務指示を行う、写真や図を多用して作業手順を示す等の対応を行うこと。<br>・ 出退勤時刻・休暇・休憩に関し、通院・体調に配慮すること。<br>・ 本人の負担の程度に応じ、業務量等を調整すること。<br>・ 本人のプライバシーに配慮した上で、他の労働者に対し、障害の内容や必要な配慮等を説明すること。 |

# 引用資料 (2024年2月現在)

# ◆ あとがき ◆

　障害者差別解消法が施行された2016年（平成28年）4月、障害者差別解消法の施行を機に、多くの自治体で障害のある人が「差別だ」と感じた際、その声を受け止める窓口を作りました。そして、受け止めるだけではなく、その差別の解消に向けて自治体が具体的に働きかけ、よりよい解決を見たケースもたくさんありました。それまで、障害のある人たちは、社会的障壁との関係で疎外感を覚えても黙っているしかなかったことと比べると、障害者差別解消法や各自治体の条例により、障害のある人の生きづらさが可視化されたことは大きな変化です。

　その後、この約8年の経験を活かし、2024年（令和6年）4月、障害者差別解消法はさらに進化し、改正障害者差別解消法が施行されました。一つ大きな変化は、企業、小売店、個人事業、地域のサークル、自治会をも含む「民間事業者」においても、合理的配慮の提供が法的義務とされることです。それだけではなく、国と地方公共団体が役割分担して、相互に連携をしながら障害者差別解消施策を実現すべきこと、そして地方公共団体の役割としては、障害のある人やその関係者からの相談を聞いて紛争の防止、解決を図ることに加え、そのための人材の育成及び確保のための措置をとることも加わりました。障害のある人にとっての教育、労働、子育て、地域でのかかわり、防災等のあらゆる生活場面において、適切な合理的配慮が提供されるような地域づくりのため、障害者差別解消法はますます重要な法律となっていきます。私たち弁護士も、障害のある人の権利擁護のため、障害のある人の相談はもちろんのこと、相談を受けた専門職や行政職員の皆様のサポートにも尽力してまいります。障害のある人への合理的配

慮に地域が真摯に取り組むことで、生きづらさを抱える個々人が、弱さや違いをお互いに認め、出来ないことや苦手なことをサポートし合い、誰しもが楽しく、安心して暮らせる社会へつながることでしょう。

　皆様が相談を受けたときのひとつの道しるべとして、本書と弁護士がお役に立てることを願っております。


2024（令和6）年2月


日弁連人権擁護委員会障害を理由とする
差別禁止法制に関する特別部会

部会長　弁護士　東　　奈央

# ◆ 著者一覧 ◆

| 氏　名 | 所属弁護士会 |
| --- | --- |
| 青木　志帆 | 兵　庫　県 |
| 東　　奈央 | 大　　　阪 |
| 板原　　愛 | 東　　　京 |
| 大胡田　誠 | 第一東京 |
| 黒岩　海映 | 新　潟　県 |
| 河邉　優子 | 第二東京 |
| 國府　朋江 | 福　岡　県 |
| 採澤　友香 | 第二東京 |
| 関哉　直人 | 第二東京 |
| 髙野　亜紀 | 高　　　知 |
| 田中　伸明 | 愛　知　県 |
| 長岡　健太郎 | 兵　庫　県 |
| 野村　茂樹 | 東　　　京 |
| 幡野　博基 | 東　　　京 |
| 原　　香苗 | 仙　　　台 |
| 藤木　和子 | 神奈川県 |
| 松田　　崚 | 東　　　京 |
| 柳原　由以 | 東　　　京 |

事例からわかる　相談担当者のための
**障害者差別解消ガイドブック**

令和6年4月15日　第1刷発行

編　著　日本弁護士連合会人権擁護委員会

発　行　株式会社ぎょうせい

〒136-8575　東京都江東区新木場1-18-11
URL：https://gyosei.jp

フリーコール　0120-953-431

ぎょうせい　お問い合わせ　検索　https://gyosei.jp/inquiry/

〈検印省略〉

印刷　ぎょうせいデジタル株式会社
※乱丁・落丁本はお取り替えいたします。

©2024　Printed in Japan

ISBN978-4-324-11370-7
(5108926-00-000)
〔略号：障害差別〕